Benak

Épanouissement Émotionnel

Naviguer
Vers le Bien-Être
Intérieur

Mot de l'auteur

Au cœur de ma plume se cachent des aspirations profondes, celles-là mêmes qui ont donné vie à ce livre dédié au bien-être émotionnel. Les raisons qui m'ont poussé à entreprendre cette aventure littéraire sont multiples et intimement liées à mon désir ardent de partager un trésor précieux avec les jeunes adultes.

Tout d'abord, en véritable témoin de la vie, j'ai moi-même traversé des périodes de difficultés émotionnelles. Ces expériences ont été autant de creux et de pics qui m'ont offert une compréhension plus profonde de moi-même et des autres. Je ressens le besoin profond de transmettre ce que j'ai appris, de tendre la main à ceux qui sont en quête d'un chemin vers la sérénité intérieure.

En tant qu'écrivain et penseur, je ressens une responsabilité envers mes lecteurs. Leur offrir des outils concrets pour améliorer leur bien-être émotionnel est devenu une mission qui me tient à cœur. Tel un jardinier bienveillant, je souhaite semer des graines de transformation dans les cœurs de ceux qui me liront, les invitant à cultiver leur propre jardin intérieur.

Les buts de ce livre sont multiples, et mon désir est de les exprimer avec clarté et détermination. Tout d'abord, je veux sensibiliser les jeunes adultes aux enjeux du bien-être émotionnel. Vivre dans un monde moderne exigeant peut nous laisser parfois désorientés face à nos émotions. Mon vœu le plus cher est d'éclairer leur chemin, de leur offrir un miroir dans lequel ils pourront contempler leur propre univers émotionnel.

Ensuite, je souhaite ardemment fournir à mes lecteurs des outils concrets pour identifier et gérer leurs émotions de manière saine et équilibrée. Comme un navigateur aguerri dans les mers de l'émotivité, je les invite à explorer leurs émotions sans peur, à les accueillir avec bienveillance et à en faire des alliées pour leur épanouissement.

La pleine conscience est une précieuse alliée dans cette quête. Je veux encourager les jeunes adultes à s'immerger dans le présent, à goûter chaque instant avec intensité et à se reconnecter à leur essence profonde. Tel un guide bienveillant, je leur montre le chemin de la pleine conscience, une porte ouverte vers la paix intérieure.

Dans ce monde effréné où le stress semble parfois maître des horloges, je désire leur offrir des clés pour gérer cette énergie avec sagesse. La maîtrise du stress est une compétence essentielle pour naviguer dans les eaux parfois agitées de la vie moderne. Je veux les aider à embrasser ce défi avec confiance et à transformer les vagues tumultueuses en une mer calme et apaisée.

Enfin, mon but ultime est de les guider vers une vie épanouissante et satisfaisante. Comme un architecte du bonheur, je veux les aider à construire les fondations solides d'une existence équilibrée, où le bien-être émotionnel est une priorité, et où la joie et la sérénité sont les pierres angulaires de leur épanouissement.

En conclusion, ce livre sur le bien-être émotionnel est né de mon désir profond de partager des enseignements riches de sens et d'expériences. Je souhaite que ces pages soient un havre de bienveillance et de sagesse, une source d'inspiration pour les jeunes adultes qui cherchent à éclairer leur chemin intérieur. Puisse-il ce livre être une boussole qui les guide vers la découverte de leur véritable essence, pour qu'ils puissent naviguer avec assurance vers une vie équilibrée et épanouissante, où chaque émotion est un joyau précieux à contempler.

En plongeant dans l'écriture de mon livre sur le bien-être émotionnel, j'ai été porté par le désir ardent d'explorer les profondeurs de l'âme humaine. Mon objectif était de partager avec les lecteurs une vision complète du bien-être émotionnel, qui va bien au-delà des simples émotions agréables. Je voulais mettre en lumière l'importance de l'introspection et de l'exploration de notre être intérieur pour parvenir à un équilibre émotionnel.

Dans ma quête de compréhension de soi et d'autrui, j'ai réalisé que le bien-être émotionnel est un voyage intime. Il nous demande de regarder au plus profond de nous-mêmes, d'accepter toutes les facettes de notre être, y compris les émotions sombres qui, à leur manière, nous guident également vers la compréhension de nous-mêmes.

Dans mon exploration, j'ai abordé la gestion émotionnelle avec un intérêt particulier. J'ai voulu souligner l'importance de reconnaître et d'accueillir nos émotions, tout en les exprimant de manière constructive. La maîtrise de nos émotions permet de trouver l'équilibre intérieur nécessaire pour faire face aux défis de la vie.

Les relations interpersonnelles ont été un aspect essentiel de mon travail. J'ai exploré comment nos émotions s'entremêlent avec celles des autres, créant un tissu complexe d'interconnexions qui influence notre bien-être émotionnel. La communication authentique et respectueuse joue un rôle fondamental dans la construction de relations saines et épanouissantes.

Mon livre a également mis l'accent sur le pouvoir du pardon et du lâcher-prise. J'ai voulu montrer comment ces pratiques libératrices nous aident à nous débarrasser du poids du passé et à nous tourner vers un avenir plus lumineux.

En écrivant ces pages, je me suis rendu compte que le bien-être émotionnel ne concerne pas seulement notre être individuel, mais qu'il résonne bien au-delà de nous. Nos émotions ont un impact sur ceux qui nous entourent, et notre responsabilité collective envers notre bien-être émotionnel est un aspect important pour créer un monde plus équilibré et harmonieux.

Dans ce livre sur le bien-être émotionnel, mon intention première était de créer un guide accessible à tous, pour éclairer le chemin de Monsieur et Madame Tout-le-Monde. Je souhaitais que chacun puisse trouver dans ses pages des clés pratiques et des enseignements simples, afin de vivre en harmonie avec soi-même et les autres.

Les montagnes imposantes qui semblent parfois nous empêcher d'atteindre cet équilibre émotionnel peuvent sembler infranchissables. Mais, à travers ces mots, je désirais montrer que chaque pas, même le plus petit, peut être porteur de transformation. Comme un guide bienveillant, mon livre vise à accompagner les lecteurs dans leur ascension, à les soutenir et les inspirer, pas à pas, à mesure qu'ils gravissent ces montagnes intérieures.

En me concentrant sur des exemples concrets et des explications simples, j'ai cherché à rendre ces enseignements accessibles à tous, sans barrière de complexité. Car la quête du bien-être émotionnel ne devrait pas être réservée à une élite, mais être à la portée de chacun, quels que soient son parcours et ses expériences.

J'ai également souhaité souligner que le bien-être émotionnel n'est pas un état figé, mais une route en perpétuelle évolution. Nous sommes tous en chemin, nous apprenons à chaque pas, et chaque expérience, bonne ou difficile, nous enseigne des leçons précieuses.

Ce livre est une invitation à embrasser notre vulnérabilité, à se libérer des masques que nous portons parfois, pour nous connecter à notre véritable essence. J'ai voulu montrer que c'est en embrassant nos émotions, même les plus sombres, que nous trouvons la force de surmonter ces montagnes intérieures qui nous empêchent de vivre pleinement et en harmonie.

En donnant la parole à Monsieur et Madame Tout-le-Monde à travers mes mots, j'ai voulu rappeler que nous sommes tous des êtres humains, faits de lumière et d'ombres, et que c'est cette unicité qui nous rend beaux et authentiques.

Mon livre sur le bien-être émotionnel a été motivé par le désir sincère de partager une compréhension profonde de notre nature émotionnelle. Il offre des clés pour explorer notre être intérieur, pour se libérer des chaînes émotionnelles et pour trouver un équilibre qui nous permette de vivre une vie épanouissante et équilibrée.

En fin de compte, ce livre est un voyage d'exploration intérieure, une quête de vérité, de sens et de bien-être. Je souhaite qu'il puisse être une lumière qui éclaire le chemin de chacun, pour trouver la paix, l'harmonie et la joie au cœur même de nos montagnes intérieures, qu'elles deviennent ainsi des alliées de notre épanouissement.

Introduction

Bienvenue dans un voyage fascinant à la découverte du bien-être émotionnel ! Tels des explorateurs audacieux, nous allons nous aventurer au cœur même de notre être, explorant les méandres de nos émotions pour dévoiler les secrets d'une vie épanouissante et harmonieuse.

Imaginez un instant que vos émotions sont les couleurs vives d'une œuvre d'art unique, qui donne vie à chaque aspect de votre existence. Des nuances de joie éclatante, de sérénité apaisante, de tristesse profonde et de passion enflammée se mêlent en un kaléidoscope d'expériences émotionnelles, créant ainsi la symphonie émouvante de votre vie.

Le bien-être émotionnel est cette danse subtile entre les différentes émotions qui rythment notre quotidien. Tel un chef d'orchestre, nous avons le pouvoir de diriger cette symphonie intérieure, de faire resplendir les émotions positives et de transformer les notes discordantes en une mélodie harmonieuse.

Mais attention, cette quête n'est pas un chemin tout tracé. C'est un voyage intérieur qui demande courage et ouverture d'esprit. Comme un alpiniste prêt à conquérir les sommets vertigineux, nous devons affronter les montagnes de nos peurs, de nos doutes et de nos blessures émotionnelles pour atteindre les sommets de la plénitude.

Le bien-être émotionnel est bien plus qu'un simple sourire figé sur nos visages. C'est un équilibre profond et authentique qui nous habite, qui se révèle dans nos relations avec nous-mêmes et avec les autres. C'est une connexion intime avec notre être intérieur, un voyage de découverte de soi, pour apprendre à s'aimer, à s'accepter et à se respecter pleinement.

En ce périple vers l'épanouissement émotionnel, nous apprendrons à devenir des maîtres de nos émotions, plutôt que d'être gouvernés par elles. Tel un marin naviguant avec assurance dans les eaux agitées, nous saurons apprivoiser les vagues tumultueuses de la colère, de l'anxiété et de la tristesse pour les transformer en une mer paisible et sereine.

La magie du bien-être émotionnel réside dans la simplicité de la pratique quotidienne. Comme un jardinier attentif, nous arroserons les fleurs de la gratitude, de la compassion et de l'amour, tandis que nous arracherons les mauvaises herbes du ressentiment, de l'envie et du jugement.

Ce voyage est également une aventure humaine, car nous réaliserons que le bien-être émotionnel transcende les frontières de l'individu. Telles des étoiles dans un ciel infini, nos émotions se mêlent et s'influencent les unes les autres, créant ainsi des liens invisibles qui nous unissent les uns aux autres.

Le bien-être émotionnel est un art, un art de vivre pleinement et en conscience, un art de se redécouvrir à chaque instant. Tel un artiste peignant sur la toile de sa vie, nous laisserons éclater les couleurs émotionnelles, créant ainsi une œuvre d'art unique et authentique.

Alors, êtes-vous prêt à entreprendre ce voyage extraordinaire vers le bien-être émotionnel ? Avec chaque mot, chaque idée, nous irons de l'avant, main dans la main, à la découverte de cette essence précieuse qui sommeille en vous.

Dans les pages qui suivent, vous découvrirez des clés et des outils pratiques pour explorer votre monde intérieur, pour embrasser vos émotions avec tendresse et pour vous élever vers de nouveaux sommets de sérénité et d'épanouissement.

Accrochez-vous, car cette aventure est faite d'émotions enchanteresses, de découvertes profondes et de transformations inoubliables. Prêt à plonger dans les profondeurs de votre être ? Embarquons ensemble pour ce voyage extraordinaire vers le bien-être émotionnel !

Le bien-être émotionnel

Au carrefour de l'âge adulte, les jeunes se retrouvent souvent à naviguer dans les eaux tumultueuses de la vie moderne. Une quête d'identité, de stabilité et de sens se profile à l'horizon, et le bien-être émotionnel devient un guide essentiel pour ces explorateurs en herbe. La vie des jeunes adultes est façonnée par des transitions majeures, des défis émotionnels et une myriade de facteurs de stress, mais au milieu de cette tourmente, réside l'opportunité de cultiver un équilibre émotionnel solide.

La route de l'indépendance s'ouvre à eux, les poussant hors du cocon protecteur du foyer familial. Affronter le monde du travail, se tisser un réseau social, entretenir des relations amoureuses, autant de défis qui jalonnent leur parcours. Ces changements peuvent se révéler vertigineux, mettant à l'épreuve leur bien-être émotionnel.

Le monde moderne, quant à lui, apporte son lot de défis supplémentaires. Les jeunes adultes se retrouvent souvent plongés dans un tourbillon d'exigences sociales, subissant la pression des normes, des attentes et des succès des autres. La société hyper connectée dans laquelle ils évoluent ne laisse guère de répit, les exposant aux pressions des réseaux sociaux et aux comparaisons incessantes. Le rythme effréné de la vie quotidienne, la surcharge de travail et la pression financière ajoutent encore à leur fardeau.

Ces montagnes russes émotionnelles appellent à une réponse équilibrée et bienveillante. Prendre soin de leur bien-être émotionnel devient une priorité cruciale pour les jeunes adultes. C'est comme une étreinte chaleureuse, une main tendue dans l'obscurité de l'incertitude, une bouffée d'air frais dans un monde en perpétuel mouvement.

Cultiver leur bien-être émotionnel leur permettra de naviguer avec plus de facilité dans cette période charnière de leur vie. En développant des outils pour gérer leurs émotions de manière saine et constructive, ils pourront surmonter les hauts et les bas de cette période de transition avec une sérénité grandissante.

Le bien-être émotionnel n'est pas une destination figée, mais un voyage qui évolue constamment. C'est comme apprendre à surfer sur les vagues de la vie, à se laisser porter par les joies et les tristesses sans se laisser submerger. En embrassant leurs émotions avec bienveillance, ils découvriront la richesse intérieure qui les habite et qui les rend uniques.

En prenant soin de leur bien-être émotionnel, les jeunes adultes se construisent un socle solide pour bâtir une vie épanouissante et satisfaisante. Ils deviennent les architectes de leur propre bonheur, trouvant la force de surmonter les obstacles et les épreuves qui jalonnent leur chemin.

Mais le bien-être émotionnel ne se limite pas à soi-même. Il crée une onde bienfaisante qui s'étend au-delà de notre être individuel. Les jeunes adultes, en cultivant leur propre équilibre, deviennent des phares pour ceux qui les entourent, irradiant de paix et d'harmonie.

En conclusion, le bien-être émotionnel est un trésor inestimable, une clé pour ouvrir les portes d'une vie épanouie et équilibrée. Au milieu des changements et des défis, il offre un refuge intérieur où chacun peut puiser force et sagesse. Aux jeunes adultes, je lance cet appel passionné : prenez soin de votre bien-être émotionnel, explorez votre monde intérieur avec curiosité et bienveillance, et faites de cette quête un pilier solide pour une vie qui rayonne de plénitude. En embrassant votre bien-être émotionnel, vous découvrirez que vous êtes capables de briller de mille feux, illuminant ainsi le monde qui vous entoure.

La quête de stabilité

La quête de stabilité, tel un souffle puissant qui traverse les âges, s'inscrit dans le cœur de chaque être humain. Chez les jeunes adultes, cette quête prend une dimension singulière, car elle se déroule dans les coulisses tumultueuses de la transition et du changement.

L'équilibre financier, telle une étoile étincelante dans le firmament de leurs aspirations, illumine leur chemin. Trouver un emploi stable et bien rémunéré, établir un budget solide, épargner pour l'avenir, autant de jalons qui marquent leur quête de stabilité financière. La danse délicate entre leurs rêves et les réalités matérielles peut parfois les plonger dans des tourbillons émotionnels.

Les liens affectifs et sociaux tissent la trame de leur quête de stabilité relationnelle. Tel un architecte bâtissant des ponts, ils cherchent à construire des relations saines et épanouissantes. Trouver leur place dans la société, tisser des amitiés profondes, cultiver l'amour authentique, autant de défis qui nourrissent leur désir de stabilité affective.

Au cœur de cette quête, l'individu cherche à tracer sa propre voie, comme un artiste peignant sur la toile de sa vie. Trouver ses passions, ses valeurs, embrasser son identité unique, autant de découvertes qui forgent leur stabilité personnelle. Mais ce voyage intérieur n'est pas sans embûches, et il leur faut cultiver la bienveillance envers eux-mêmes pour surmonter les défis.

Ces épreuves émotionnelles peuvent faire tanguer leur équilibre, les poussant parfois à affronter des tempêtes intérieures. C'est pourquoi la quête de stabilité chez les jeunes adultes appelle à un élan vers le bien-être émotionnel. Tel un jardinier attentionné, ils doivent arroser les fleurs de la compassion et de la sagesse, tout en désherbant les ronces du doute et de la peur.

Prendre soin de leur bien-être émotionnel devient un phare qui éclaire leur route dans ce voyage d'autonomisation. Cultiver leur capacité à identifier et à gérer leurs émotions de manière saine et équilibrée est une clé précieuse pour garder le cap. Tel un marin naviguant dans les flots agités de la vie, ils doivent apprendre à surfer sur les vagues émotionnelles sans se laisser submerger.

La stabilité émotionnelle est une forteresse imprenable face aux tempêtes de la vie moderne. En développant leur capacité à rester ancrés et centrés, ils trouvent la force de surmonter les écueils qui se dressent sur leur chemin. Tel un alpiniste chevronné gravissant les sommets vertigineux, ils atteindront des hauteurs insoupçonnées dans leur quête de stabilité.

En conclusion, la quête de stabilité chez les jeunes adultes est une danse délicate entre rêves et réalités, entre équilibre financier, relations affectives, et épanouissement personnel. Tel un éclaireur dans leur périple, le bien-être émotionnel se dresse comme un guide bienveillant. En équilibrant leurs émotions, en développant leur résilience, ils découvriront que la stabilité émotionnelle est le socle solide sur lequel bâtir une vie épanouissante et riche de sens. Que chaque pas de cette quête les rapproche davantage d'eux-mêmes, de leurs aspirations profondes, et de l'harmonie intérieure.

Les effets de la stabilité

La quête de stabilité, telle une mélodie envoûtante, rythme le parcours des jeunes adultes, hommes et femmes, dans les méandres de l'équilibre émotionnel. Comme un voyageur en quête d'un havre de paix, cette quête peut les guider vers un sentiment de sécurité et de bien-être, mais peut aussi être parsemée de défis émotionnels.

Lorsque la quête de stabilité est couronnée de succès, une douce brise de sérénité souffle sur leur âme. Le sentiment de sécurité qui émane de la réalisation de leurs aspirations apaise les tumultes intérieurs. Trouver un emploi stable et gratifiant offre une bouffée d'assurance financière, permettant ainsi de mieux gérer les émotions tourbillonnantes. Tel un artiste accompli, chaque note harmonieuse compose une symphonie émotionnelle équilibrée.

Cependant, la quête de stabilité peut aussi se transformer en une tempête émotionnelle. Lorsque les défis s'accumulent, le stress fait rage tel un ouragan intérieur. Les difficultés à trouver un emploi stable engendrent frustrations, colère et anxiété. Les écueils dans la construction de relations saines créent un torrent de tristesse, de solitude et d'incompréhension. Tel un marin sur une mer déchaînée, leur équilibre émotionnel est mis à rude épreuve.

Hommes et femmes arpentent des chemins de quête de stabilité parfois différents, comme deux danseurs évoluant sur une scène émotionnelle. Les hommes, tels des chercheurs de trésors, peuvent être davantage préoccupés par la stabilité financière. Pour eux, ériger des fondations solides pour leur avenir matériel est un élément clé de leur bien-être émotionnel. Les femmes quant à elles, telles des jardinières cultivant des liens, peuvent être plus sensibles à la stabilité affective et sociale. Épanouir des relations profondes et authentiques tisse des racines profondes dans leur jardin émotionnel.

Il est crucial de tenir compte de ces nuances pour accompagner chacun dans sa quête de stabilité émotionnelle. Comme un guide bienveillant, nous devons reconnaître et respecter ces différences pour offrir un soutien adapté à chaque parcours. Tel un peintre attentif aux couleurs de l'âme, nous nous efforçons de composer un tableau émotionnel unique pour chaque individu.

En somme, la quête de stabilité peut être une source de bien-être ou d'agitations émotionnelles pour les jeunes adultes, hommes et femmes. La réalisation de cette quête peut offrir un sentiment de sécurité et d'équilibre, mais elle peut aussi semer des tempêtes intérieures lorsque les défis surgissent. En embrassant la diversité des aspirations et en soutenant leur bien-être émotionnel, nous les accompagnons dans cette période de transition avec empathie et bienveillance. Tel un phare, notre rôle est de guider leur navigation vers une harmonie intérieure, dans un monde où la quête de stabilité est un voyage profondément humain.

La quête de stabilité chez les jeunes femmes

Dans le dédale des parcours individuels, la quête de stabilité se dessine différemment pour les jeunes femmes, telles des artistes peignant leur propre toile émotionnelle. Dans cette symphonie de vie, hommes et femmes cheminent sur des routes parfois distinctes, guidés par des aspirations et des préoccupations qui leur sont propres.

Les jeunes femmes, tels des jardiniers de l'âme, accordent une importance particulière à la stabilité affective et sociale. Comme des exploratrices en quête de trésors relationnels, elles cherchent à construire des liens profonds et satisfaisants. Tissant des amitiés sincères, bâtissant des relations solides, elles façonnent un édifice émotionnel où le cœur trouve une ancre de sécurité. Tel un chef d'orchestre délicat, chaque relation joue sa mélodie unique, enrichissant leur quête de stabilité.

Cependant, le chemin des jeunes femmes est parfois bordé de pressions sociales et culturelles, tels des arbres géants qui assombrissent leur quête. Les normes sociales les incitent à se marier, à fonder une famille, et à répondre à des critères de beauté et de féminité. Telle une danse complexe, elles jonglent entre leurs aspirations intérieures et les attentes extérieures. Se remettre en question, faire des choix en harmonie avec leur essence profonde, voilà un défi majeur qui peut être la clé de leur équilibre émotionnel.

Les jeunes femmes, en leur quête de stabilité, s'aventurent parfois sur des sentiers sinueux où les choix se mêlent aux doutes. Telle une étoile filante, elles pourraient être tentées de suivre un chemin sécurisant et bien rémunéré, au détriment de leur passion authentique. Se confronter à l'opposition entre réalité matérielle et désir profond peut être une épreuve qui éprouve leur équilibre émotionnel. Tel un funambule sur le fil de la vie, leur stabilité est une balance fragile qui oscille entre l'accomplissement personnel et la sécurité matérielle.

Il est essentiel de comprendre ces nuances et de s'adapter à chaque individu, telle une partition musicale qui s'accorde à la singularité de chaque instrument. La quête de stabilité doit être une opportunité d'épanouissement, un chemin vers la réalisation de soi, où l'équilibre émotionnel danse avec la sérénité. Pour cela, prendre le temps de se connaître, de réfléchir à ses propres besoins et valeurs est comme une boussole qui guide leur navigation intérieure.

Il convient de rappeler que la stabilité n'est pas une ligne droite, mais plutôt un mouvement d'équilibre au sein d'un univers changeant. Tel un cours d'eau qui se nourrit des rivières qui le rejoignent, nous sommes en perpétuelle évolution. Le dynamisme de la vie implique une continuité d'ajustements et de choix, un cycle naturel d'évolution qui invite à la croissance. Dans cette symphonie émotionnelle, la stabilité devient une mélodie qui s'accorde harmonieusement à chaque note du voyage.

En conclusion, la quête de stabilité chez les jeunes femmes est une exploration unique, tissée des fils de leurs aspirations et de leurs défis. La stabilité affective et sociale occupe souvent le devant de la scène dans cette chorégraphie émotionnelle. Malgré les pressions sociales, il est fondamental de s'écouter, de faire des choix en accord avec son être profond. Tel un papillon vibrant de couleurs, leur stabilité est un équilibre émotionnel qui les soutient dans leur épanouissement personnel. Que cette quête soit le reflet d'une symphonie intérieure, une danse fluide avec la vie, où les jeunes femmes se révèlent et s'épanouissent avec grâce et authenticité.

Quête de stabilité émotionnelle et aspirations

Équilibrer la quête de stabilité émotionnelle et la poursuite de ses aspirations est une alchimie précieuse qui éclaire notre chemin vers un bien-être épanoui. La stabilité émotionnelle est une fondation solide qui soutient notre santé mentale, mais cela ne signifie pas sacrifier nos rêves et passions au nom de la sécurité.

Pour trouver cet équilibre harmonieux, accordez-vous le temps de vous plonger dans les eaux profondes de votre être. Méditez sur vos besoins et valeurs fondamentales. Qu'est-ce qui fait vibrer votre âme ? Quels sont vos moteurs émotionnels ? En prenant conscience de vos aspirations profondes, vous tracerez un itinéraire sincère vers votre équilibre intérieur.

N'ayez pas peur de suivre le doux murmure de vos passions. Si la musique anime votre cœur, laissez-la danser dans votre vie, même si elle ne promet pas une stabilité financière immédiate. Les trésors émotionnels que vous découvrirez dans cette quête seront un baume pour votre âme et une source de force intérieure.

Lorsque vous cheminez vers vos aspirations, soyez également un gardien de votre bien-être émotionnel. Apprenez à apprivoiser le stress, tel un musicien maîtrisant une mélodie complexe. Cultivez la pleine conscience, afin d'écouter les harmonies subtiles de vos émotions et de répondre avec compassion à vos besoins intérieurs.

Chérir vos relations comme des perles précieuses dans votre collier de stabilité. Entourez-vous d'amitiés sincères, établissez des liens authentiques. Ces liens bienveillants vous soutiendront lorsque vous serez confronté(e) aux défis de la vie.

Soyez réaliste dans vos choix, tel un navigateur averti sur une mer changeante. L'équilibre émotionnel et la réalisation de vos aspirations peuvent demander du temps et des efforts. Soyez patient(e), ne redoutez pas les imprévus. Les erreurs font partie du voyage, elles vous guideront vers une compréhension plus profonde de vous-même.

Ainsi, en équilibrant la quête de stabilité émotionnelle et l'accomplissement de vos aspirations, vous créerez une symphonie intérieure, une danse fluide avec la vie. En cultivant votre bien-être émotionnel, vous vous doterez d'une boussole précieuse qui vous orientera vers vos aspirations authentiques.

Dans cet équilibre subtil, vous découvrirez la magie de vivre en harmonie avec vous-même. Les défis deviendront des occasions de grandir, de vous élever vers de nouveaux sommets émotionnels. Vous serez l'artisan de votre bien-être, le créateur de votre destinée.

Alors, tendez la main vers vos aspirations, tout en prenant soin de votre équilibre émotionnel. Vous serez le compositeur de votre symphonie personnelle, l'artiste qui évolue en harmonie avec la mélodie de la vie. En célébrant la quête de stabilité et l'éclosion de vos passions, vous serez l'architecte d'une vie épanouissante et authentique.

En somme, trouvez l'équilibre sacré entre la stabilité émotionnelle et la poursuite de vos aspirations. Explorez les trésors de votre cœur, suivez vos passions, tout en prenant soin de votre bien-être intérieur. Dans cette quête émouvante, vous serez le maître d'orchestre de votre vie, et la symphonie de votre bien-être résonnera en harmonie avec les étoiles.

Apprendre à être réaliste et patient

Dans la quête du bien-être émotionnel, il est essentiel d'apprendre l'art d'être réaliste et patient. Cette sagesse nous permet d'aborder la vie avec un esprit éclairé, de mieux gérer nos émotions et de nous épanouir pleinement. Voici quelques conseils inspirants pour maîtriser cette précieuse dualité :

Tout d'abord, fixons des objectifs qui nous correspondent et qui sont à notre portée. Lorsque nous nous lançons des défis réalisables et raisonnables, nous construisons une solide base pour notre progression personnelle. Laissons de côté les mirages de la perfection et concentrons-nous sur des pas concrets, réalisant ainsi des avancées qui nous encourageront tout au long du chemin.

Acceptons que la vie, avec ses mystères et surprises, ne se déroule pas toujours comme nous l'avions prévu. L'imprévisible se glisse parfois dans notre existence, apportant des hauts et des bas. En embrassant ces fluctuations, nous déployons une flexibilité d'esprit qui nous permet de nous adapter aux changements avec grâce et sagesse.

La patience, cette vertu d'une grande noblesse, exige que nous ne soyons pas trop exigeants envers nous-mêmes. Dans notre quête de croissance personnelle, il est essentiel de nous accorder des moments de compassion et de bienveillance envers notre être. Acceptons nos imperfections avec douceur et voyons-les comme autant d'opportunités d'apprentissage.

Apprenons à être présents dans l'instant présent, ancrés dans l'énergie du moment. C'est là que la magie de la patience prend racine. La pleine conscience nous enseigne à vivre le présent sans nous laisser perturber par les tourbillons de pensées négatives ou les remords du passé. En nous connectant à l'ici et maintenant, nous trouvons l'apaisement intérieur, ouvrant ainsi la voie à une patience sereine.

La gestion de nos émotions est un art à maîtriser pour développer la patience. En reconnaissant et exprimant nos émotions de manière saine, nous libérons nos chaînes intérieures. Trouvons des moyens de nous détendre et de gérer le stress, tels des jardiniers prenant soin de leurs précieuses fleurs émotionnelles.

Ainsi, être réaliste et patient demande un travail d'introspection et d'évolution personnelle. C'est un voyage empreint de sagesse et de compassion envers soi-même. En suivant ces conseils inspirants, nous développons notre patience comme un artisan peaufinant son chef-d'œuvre, et nous nous épanouissons pleinement dans notre quête du bien-être émotionnel.

Dans l'équilibre subtil entre réalisme et patience, nous découvrons la sérénité intérieure et la force intime qui guident notre chemin. C'est dans cette harmonie que nous nous éveillons à la beauté de la vie, embrassant chaque moment avec gratitude. Que cette quête nous guide vers l'accomplissement de notre véritable essence, et que la patience nous ouvre les portes d'un épanouissement émotionnel profond.

Exemples concrets et étude de cas

Dans notre quête du bien-être émotionnel, il est essentiel d'intégrer la patience et le réalisme dans nos vies. Voici quelques exemples concrets et études de cas qui illustrent comment développer ces qualités précieuses pour une existence épanouissante :

Exemple 1 : L'exercice régulier pour réduire le stress

Pratiquer régulièrement l'exercice physique est une façon efficace de réduire le stress et d'améliorer la patience et l'endurance. Selon une étude du Journal of Behavioral Medicine, les personnes qui intègrent l'exercice dans leur routine ont tendance à être plus patientes et à mieux gérer leur stress. Faire de l'exercice libère des endorphines, les hormones du bonheur, qui procurent une sensation de bien-être et favorisent une attitude plus patiente face aux défis de la vie.

Exemple 2 : la pleine conscience pour développer la patience

La pleine conscience consiste à être présent et à accepter les choses telles qu'elles sont. Une étude publiée dans le Journal of Personality and Social Psychology a démontré que la pratique de la pleine conscience peut aider à développer la patience et à améliorer la résilience face aux difficultés. En cultivant cette capacité d'observation sans jugement, nous nous libérons du poids du passé et des soucis de l'avenir, trouvant ainsi une patience sereine dans le moment présent.

Exemple 3 : stratégies de gestion du Stress pour l'équilibre émotionnel

Apprendre des stratégies de gestion du stress est essentiel pour développer la patience et prendre soin de notre bien-être émotionnel. La respiration profonde, la relaxation et l'exercice physique sont autant de moyens efficaces pour réduire le stress et développer la patience. En prenant soin de notre équilibre intérieur, nous cultivons une patience qui nous permet de mieux faire face aux aléas de la vie.

Étude de cas : Mary, la quête de patience et de réalisme

Mary, confrontée à un emploi très stressant, a décidé de changer de vie pour poursuivre sa passion pour la peinture. Au début, elle s'est heurtée à ses propres exigences élevées, éprouvant de la frustration face à ses progrès lents. Cependant, Mary a entrepris un voyage intérieur pour développer la patience et le réalisme. En intégrant la pleine conscience dans sa vie, Mary a appris à être présente et à accepter les imprévus de son parcours artistique. Elle s'est rendu compte que devenir une artiste accomplie exigeait du temps et de l'engagement. Grâce à une pratique régulière de l'exercice physique, elle a également réussi à mieux gérer son stress.

Avec le temps, Mary a embrassé ses imperfections et s'est accordé la bienveillance nécessaire pour progresser à son rythme. Elle a découvert que la patience et le réalisme étaient des alliés puissants pour mieux gérer ses émotions et atteindre ses objectifs de manière saine et équilibrée. Mary a illustré comment la patience et le réalisme sont des qualités essentielles pour atteindre ses aspirations et s'épanouir pleinement. Par sa décision de suivre sa passion pour la peinture et sa volonté de prendre soin de son bien-être émotionnel, elle a appris à être plus heureuse et épanouie. La patience et le réalisme sont les fondations solides pour une vie équilibrée et épanouissante. En cultivant ces qualités, nous pouvons traverser les défis de la vie avec sagesse et bienveillance, atteignant ainsi notre véritable essence et un bien-être émotionnel durable.

Comprendre l'émotion

L'émotion, ce mystère vibrant qui anime nos vies, est une danse complexe entre notre esprit et notre corps, réagissant de manière subjective à notre monde intérieur et extérieur. Une palette de couleurs émotionnelles s'étend devant nous, allant des teintes éclatantes de joie et d'excitation aux nuances plus sombres de la tristesse et de la colère.

Ces réactions, tantôt enchanteresses, tantôt tumultueuses, sont des manifestations physiologiques et mentales qui nous permettent de ressentir et de comprendre notre environnement et nos expériences. En effet, l'émotion est le langage universel de l'âme, transcendant les frontières culturelles et exprimant nos besoins, nos désirs et nos aspirations les plus profondes.

Le mécanisme de l'émotion est inscrit au cœur même de notre être. Il est le fruit d'une alchimie subtile entre notre cerveau, notre corps et l'environnement qui nous entoure. Les émotions émergent d'une toile complexe de réponses neuronales, d'hormones en ébullition et de perceptions sensorielles, créant ainsi un tourbillon unique et propre à chaque individu.

Cependant, nos émotions ne naissent pas dans un vide, elles sont tissées dans le canevas de nos expériences passées, de nos valeurs, de nos croyances et de notre culture. En effet, notre histoire personnelle et notre bagage émotionnel influent sur la manière avec laquelle nous ressentons et nous réagissons face aux événements de la vie.

Les couleurs contrastées de nos émotions peuvent être notre boussole intérieure, guidant nos choix, nos relations et nos interactions avec le monde qui nous entoure. Les émotions nous aident à naviguer dans les eaux profondes de notre existence, éclairant notre chemin et apportant un sens à notre vécu.

La puissance des émotions

Les émotions sont des alliées précieuses pour naviguer dans les méandres de la vie quotidienne. Elles sont les messagères de notre âme, nous informant de nos besoins et de nos désirs profonds. En prenant le temps de les écouter avec bienveillance, nous pouvons nous reconnecter à notre essence et à nos aspirations les plus authentiques. De plus, les émotions influencent grandement notre comportement. Une vague de joie peut nous encourager à célébrer et à partager notre bonheur avec autrui. En revanche, une tempête d'irritation peut nous inciter à établir des limites et à protéger notre intégrité. Ainsi, nos émotions sont de véritables guides, nous aidant à adapter notre comportement en fonction de notre ressenti intérieur.

L'émotion est une force puissante, mais comme toute force, elle nécessite une direction sage et équilibrée. Apprendre à gérer nos émotions avec bienveillance et discernement est une clé essentielle pour notre bien-être émotionnel. Prendre conscience de nos émotions, les accueillir sans jugement, nous permet de les apprivoiser. La pratique de la pleine conscience est un outil précieux pour cultiver cette qualité. En étant pleinement présents dans l'instant, nous pouvons observer nos émotions sans nous laisser emporter par elles, créant ainsi un espace de calme intérieur.

Prendre soin de notre bien-être émotionnel implique d'adopter des stratégies de gestion du stress adaptées à notre individualité. La respiration profonde, la méditation, l'exercice physique et les activités créatives peuvent tous contribuer à apaiser le tourbillon émotionnel. L'émotion est un langage subtil qui nous révèle notre véritable essence. Les émotions sont les teintes de notre âme, peignant notre expérience de vie. En écoutant attentivement ces messagères intérieures, en les accueillant avec bienveillance et en les apprivoisant avec sagesse, nous ouvrons la voie à un bien-être émotionnel épanouissant et à une vie éclairée par la lumière de notre être profond.

L'art subtil de la communication

Au cœur de notre être, les émotions se lèvent et se déploient comme de précieux messagers, porteurs d'un langage universel qui transcende les mots. Elles sont les artisanes de notre communication, tissant des liens invisibles avec ceux qui nous entourent et nous offrant une fenêtre ouverte sur notre monde intérieur. Elles ont le pouvoir de nous révéler au-delà des mots, de partager notre ressenti avec les autres et de créer des connexions profondes. Elles sont une symphonie d'expressions, tant verbales que non verbales, qui nous permettent de traduire notre vécu en une mélodie émotionnelle que les autres peuvent entendre et comprendre.

Lorsque nous exprimons nos émotions, nous ouvrons les portes de notre être, permettant à nos pensées et à nos ressentis de s'exprimer librement. Que ce soit par des mots sincères ou par le langage subtil du corps, cette expression émotionnelle nous offre une occasion de partager notre essence avec les autres. C'est ainsi que la tristesse, la joie, la colère ou l'excitation se déploient comme des couleurs chatoyantes sur la toile de nos relations. En partageant nos émotions, nous créons un espace d'échange authentique où nos interlocuteurs peuvent nous découvrir dans notre vulnérabilité et notre vérité la plus profonde.

Nos émotions sont des guides fidèles, nous montrant la voie vers nos besoins et nos désirs. Lorsque nous exprimons nos émotions, nous offrons une carte précieuse à nos proches pour mieux comprendre ce qui se joue en nous. Par exemple, la tristesse peut être un appel au soutien, et la joie, une invitation à partager nos réussites. En exprimant nos besoins émotionnels, nous créons un espace d'écoute et de compréhension mutuelle. Nous permettons à ceux qui nous entourent de mieux nous connaître et de répondre à nos besoins, tout en favorisant une communication empreinte de bienveillance et d'empathie.

La sincérité de nos émotions est un trésor qui nourrit nos relations. Lorsque nous les exprimons sans artifice, nous inspirons la confiance et l'ouverture chez nos interlocuteurs. L'authenticité est une invitation à établir des liens profonds, car elle révèle notre humanité commune, faite d'expériences et d'émotions partagées. En nous montrant tels que nous sommes, avec nos forces et nos vulnérabilités, nous déployons un pont vers une compréhension mutuelle. C'est ainsi que nous nous connectons les uns aux autres, découvrant que, malgré nos différences, nous sommes unis dans notre humanité et notre quête de sens.

Les émotions, ces vibrantes messagères de l'âme, sont un langage puissant qui transcende les frontières des mots. Elles nous offrent une voie d'expression authentique pour partager nos sentiments et nos besoins avec les autres. En cultivant la sincérité émotionnelle, nous créons des liens profonds et sincères avec notre entourage, célébrant ainsi la beauté de notre humanité commune. Alors, plongeons dans ce voyage émotionnel, embrassant notre authenticité et découvrant la richesse des émotions qui nous connectent les uns aux autres.

Les émotions et nos décisions

Dans le labyrinthe de la vie, les émotions se dressent telles des boussoles intérieures, nous guidant dans nos choix et nos décisions. Elles sont les gardiennes de nos valeurs et de nos aspirations, nous offrant de précieux indices sur la voie à suivre. Ces messagères subtiles nous dévoilent les joyaux qui comptent vraiment pour nous. Elles nous murmurent ce qui nous tient à cœur, ce qui nous inspire et ce qui nous fait vibrer. Si nous prêtons attention à ces signaux émotionnels, nous découvririons un trésor de sagesse enfoui au plus profond de notre être.

Les émotions sont également des évaluateurs inestimables des conséquences de nos choix. Elles nous guident dans la pesée des avantages et des inconvénients de nos décisions potentielles. La joie peut signifier que nous nous rapprochons de ce qui nous épanouit, tandis que la peur peut être un avertissement des possibles répercussions négatives. Lorsque nous écoutons avec bienveillance nos émotions, nous sommes en mesure de discerner ce qui est réellement bénéfique pour notre parcours. Elles nous offrent un filtre émotionnel qui éclaire notre vision, nous permettant de prendre des décisions éclairées et réfléchies.

Nos émotions sont également une source inépuisable d'énergie et d'inspiration. Elles nous insufflent la motivation nécessaire pour agir et réaliser nos aspirations. Lorsque l'enthousiasme nous saisit à l'idée d'un nouveau projet, il nous guide avec ferveur sur le chemin de l'action. Nourrir notre inspiration émotionnelle est une clé pour passer à l'action. En embrassant nos émotions positives et en les cultivant avec soin, nous trouvons le carburant pour persévérer face aux obstacles et avancer vers nos objectifs.

Pour tirer le meilleur parti de nos émotions, il est essentiel de cultiver l'équilibre émotionnel. Comme un maître jardinier, nous devons arroser nos émotions avec bienveillance et discernement, veiller à ce qu'elles s'épanouissent dans un terreau fertile. Gérer nos émotions de manière saine et équilibrée est la clé pour en faire des alliées dans nos décisions. En développant notre conscience émotionnelle, nous pouvons décoder avec justesse leurs messages et ainsi affiner notre compréhension de nous-mêmes.

Les émotions sont des conseillères bienveillantes, détenant les clés pour nos choix les plus éclairés. Elles sont les gardiennes de notre authenticité, nous aidant à nous connecter à notre essence profonde. Si nous apprenons à les écouter avec attention et compassion, elles deviendront des guides précieux pour tracer notre chemin dans la vie. Laissons-nous inspirer par la sagesse de nos émotions, en les honorant avec respect et en les considérant comme des alliées fidèles dans la quête de nos rêves. Cultivons cet équilibre émotionnel qui nous permettra de danser en harmonie avec elles et de réaliser nos aspirations en toute sérénité.

L'art délicat de prendre des décisions

Dans l'océan tumultueux de nos vies, les émotions se dressent tels des phares dans la nuit, éclairant notre chemin et nous offrant une boussole intérieure pour prendre des décisions éclairées. Prendre en compte nos émotions lors de la prise de décision est un art délicat, mais c'est un art essentiel qui nous permet de naviguer avec sagesse à travers les flots de la vie.

Voici quelques exemples concrets de la façon dont nous pouvons intégrer nos émotions dans notre processus de décision :

Prendre le temps d'écouter nos émotions :

Lorsque vient le moment de décider, il est crucial de nous accorder un instant pour ressentir nos émotions, pour les honorer et les comprendre. Nos émotions sont les gardiennes de notre vérité intérieure, et leur langage subtil nous dévoile les besoins profonds qui se cachent derrière nos choix. À titre d'exemple, si nous sommes anxieux à l'idée de changer de travail, prenons le temps de nous arrêter et de nous interroger sur les raisons de cette anxiété. Est-ce la peur de l'inconnu ou le désir de stabilité ? Écouter nos émotions avec bienveillance nous permet de mieux saisir nos motivations et de prendre une décision éclairée.

S'appuyer sur les autres pour gagner en clarté :

Parfois, notre vision est troublée par l'effervescence de nos émotions, et il peut être bénéfique de solliciter le regard bienveillant d'autres âmes sur notre parcours. En partageant nos émotions et préoccupations avec des personnes de confiance, nous offrons à notre esprit une toile d'idées variées et une perspective plus éclairée. Imaginez que vous envisagez de déménager dans une nouvelle ville et que l'anxiété teinte vos pensées. Engager une conversation avec des amis ou des membres de votre famille vous permettra de mieux comprendre vos craintes et vos motivations profondes. Leur soutien et leurs conseils éclairés pourront nourrir votre réflexion et enrichir votre prise de décision.

L'étude de cas de Jane : leçons précieuses

L'étude de cas de Jane nous offre un aperçu éclairant de l'importance de prendre en compte nos émotions dans nos choix de vie. Jane était une femme déterminée, mais parfois trop prompte à agir sans prendre le temps de considérer les répercussions de ses décisions. Lorsqu'elle a décidé de quitter son emploi et de déménager dans une nouvelle ville impulsivement, elle a rapidement réalisé l'ampleur de son erreur. Son cœur s'est serré d'anxiété et de solitude dans cette nouvelle vie. Jane a alors appris que prendre le temps de réfléchir à ses émotions et à ses besoins était essentiel avant de prendre des décisions cruciales. En adoptant une approche plus réfléchie, Jane a pris le temps de discuter de ses aspirations et de ses préoccupations avec ses proches. Cette nouvelle approche lui a permis de choisir des chemins qui la rendaient vraiment heureuse et épanouie.

La sagesse des émotions :

Dans la danse complexe de la prise de décision, nos émotions sont des danseuses étoiles, tourbillonnant gracieusement autour de nous, nous guidant sur les sentiers de l'épanouissement. Prendre en compte nos émotions est une invitation à nous relier à notre sagesse intérieure, à embrasser nos besoins profonds et à explorer notre vérité authentique. Alors, prenons le temps d'écouter le murmure délicat de nos émotions, de nous appuyer sur les épaules bienveillantes des autres pour gagner en clarté, et de choisir avec sagesse le chemin qui résonne le plus avec notre cœur. Dans cette alchimie subtile de la vie, nos émotions deviennent les guides éclairés de notre voyage vers la plénitude.

Les clés de notre bien-être émotionnel

Au cœur du labyrinthe humain, les émotions se dressent telles des sentinelles, gardiennes de notre comportement et de notre bien-être émotionnel. Leur influence est puissante et subtile, agissant comme les fils invisibles qui tissent notre réalité intérieure et extérieure. Découvrons ensemble comment les émotions façonnent nos pas et orientent notre épanouissement émotionnel.

L'impact des émotions sur notre comportement :

Nos émotions sont les artisans de notre comportement, façonnant nos choix et nos actions dans un ballet constant. Elles sont comme les couleurs d'une palette, apportant nuances et éclats à notre comportement quotidien. Lorsque nous sommes dans un état de joie et d'enthousiasme, nous devenons naturellement plus sociables, ouverts aux autres et enclins à nous adonner à des activités qui résonnent avec notre cœur. À l'inverse, lorsque nous sommes submergés par la tristesse, nous avons tendance à nous isoler et à perdre de l'intérêt pour nos activités habituelles. Prendre conscience de l'influence de nos émotions sur notre comportement nous donne le pouvoir de devenir des maîtres de danse, choisissant consciemment les mouvements qui reflètent notre être le plus authentique.

L'équilibre émotionnel pour un bien-être harmonieux :

Nos émotions, comme les vagues de l'océan, peuvent apporter la sérénité ou l'agitation à notre bien-être émotionnel. Elles sont les gardiennes de notre état intérieur, car elles déterminent notre bien-être à court et à long terme. Quand nous sommes comblés de bonheur, notre bien-être émotionnel se teinte de positivité, et nous goûtons à l'harmonie intérieure. En revanche, lorsque la tristesse ou l'anxiété s'immiscent dans notre être, notre bien-être émotionnel peut vaciller, nous laissant dans l'incertitude et la détresse. La clé réside dans notre capacité à reconnaître nos émotions, à les accueillir avec bienveillance et à les apprivoiser avec sagesse. En embrassant nos émotions telles des amis bienveillants, nous pouvons œuvrer à un équilibre émotionnel qui nourrit notre cœur et notre âme.

La contagion émotionnelle :

Tels des papillons dans un jardin, nos émotions peuvent se répandre et influencer les émotions et le comportement des personnes qui croisent notre chemin. Cette contagion émotionnelle est un écho invisible qui se propage autour de nous, créant un réseau subtil de connexions émotionnelles. Lorsque nous sommes emplis de joie et de positivité, notre énergie rayonnante peut contaminer notre environnement, élevant les cœurs et offrant un refuge de bien-être à ceux qui nous entourent. En revanche, si nous sommes submergés par la tristesse ou l'anxiété, notre énergie peut se muer en nuages sombres, obscurcissant le ciel émotionnel de notre entourage. Prendre conscience de cette contagion émotionnelle est un rappel de notre responsabilité envers nous-mêmes et les autres. En gérant nos émotions de manière saine et équilibrée, nous pouvons contribuer à un environnement émotionnel plus harmonieux, bâtissant ainsi des ponts d'harmonie et de compréhension entre les âmes.

L'art délicat de gérer nos émotions :

Dans cet univers où les émotions tissent la trame de notre vie, l'art délicat de gérer nos émotions est une clé précieuse pour naviguer en eaux calmes. En embrassant la sagesse des émotions, nous nous offrons la liberté de danser avec grâce sur le fil de la vie. Ainsi, prenons le temps de nous arrêter, d'écouter le chuchotement de nos émotions et de plonger dans les reflets qu'elles projettent sur notre comportement. Partageons nos émotions avec ceux en qui nous avons confiance, permettant ainsi à notre esprit de s'enrichir de perspectives éclairées.

Comme l'étude de cas de Jane l'illustre si bien, prenons le temps de réfléchir à nos émotions et à nos aspirations avant de prendre des décisions importantes. En choisissant consciemment nos pas, nous nous ouvrons à un chemin qui résonne avec notre être le plus profond et nous conduisons vers un bien-être émotionnel authentique. Nos émotions sont de véritables alliées dans la vaste symphonie de notre existence. Elles sculptent notre comportement, tissent notre bien-être émotionnel et se répandent tel un souffle invisible autour de nous. En embrassant l'art délicat de la gestion émotionnelle, nous devenons les auteurs de notre danse intérieure, éclairant ainsi notre chemin vers une vie épanouissante et sereine.

Exploration des émotions

Découvrons maintenant deux histoires qui illustrent comment les émotions peuvent façonner notre comportement et influencer notre bien-être émotionnel. Ces deux exemples révèlent comment la gestion émotionnelle peut être une clé pour s'épanouir pleinement.

L'histoire de Sophie :

Sophie est une âme sensible, sujette à l'anxiété et à la colère. Elle a pris conscience de l'impact dévastateur que ces émotions négatives avaient sur son comportement et son bien-être émotionnel. Les vagues tumultueuses de ses émotions semblaient parfois la submerger, créant une toile d'araignée émotionnelle étouffante. Cependant, Sophie ne voulait plus être captive de ces tourments. Elle a décidé de prendre les rênes de ses émotions et de les apprivoiser. Pour cela, elle s'est tournée vers la sagesse de la thérapie et la puissance de la pleine conscience. Ces outils lui ont permis d'explorer les origines profondes de ses émotions et de développer une compréhension plus claire de leur impact sur sa vie.

À travers cette quête intérieure, Sophie a appris à mieux gérer ses émotions. Elle a appris à reconnaître les signaux précurseurs de son anxiété et de sa colère, lui permettant de les désamorcer avant qu'ils ne prennent le dessus. Elle a également appris à exprimer ses sentiments de manière saine et constructive, améliorant ses relations avec les autres. Grâce à ces efforts, Sophie a commencé à ressentir une transformation intérieure. Les tempêtes émotionnelles se sont peu à peu apaisées, laissant place à une mer calme et sereine. Elle a découvert que le pouvoir de gérer ses émotions lui offrait une liberté nouvelle, lui permettant de naviguer avec grâce à travers les vagues de la vie.

L'histoire de Jean :

Jean est une âme rayonnante, baignée dans la joie et la positivité. Il a toujours été porté par cette énergie lumineuse, qui se reflétait dans son comportement et ses interactions avec les autres. Néanmoins, il a réalisé que cette abondance émotionnelle positive était un atout précieux, qui renforçait son bien-être émotionnel. Conscient de cette réalité, Jean a choisi de cultiver ses émotions positives. Pour cela, il a embrassé la pratique de la gratitude, découvrant le pouvoir de célébrer les petites joies de la vie. Il s'est également entouré de personnes positives et bienveillantes, créant ainsi un écosystème émotionnel qui alimentait son épanouissement.

Grâce à cette approche proactive, Jean a trouvé un équilibre émotionnel où les couleurs éclatantes de la joie dominaient son tableau émotionnel. Il a découvert que cette abondance émotionnelle positive était contagieuse, illuminant le cœur des personnes qui l'entouraient. Toutefois, Jean ne se reposait pas sur ses lauriers. Il comprenait que la gestion émotionnelle était un voyage constant, nécessitant une attention et un engagement continus. Il savait que nourrir ses émotions positives était une tâche essentielle pour entretenir la flamme de son bien-être émotionnel.

En conclusion, l'histoire de Sophie et Jean met en évidence l'importance de la gestion émotionnelle dans notre quête d'épanouissement. Alors que Sophie a appris à apaiser les tempêtes émotionnelles qui l'assaillaient, Jean a su cultiver son jardin émotionnel pour y faire éclore les fleurs de la joie et de la positivité. Ces deux âmes ont pris conscience de l'impact que les émotions pouvaient avoir sur leur comportement et leur bien-être émotionnel. En prenant des mesures pour mieux gérer leurs émotions, ils ont ouvert la porte à une vie plus équilibrée, où le ballet des émotions se danse en harmonie avec la symphonie de l'existence. C'est ainsi que se révèle la sagesse des émotions : comme un phare intérieur éclairant notre chemin vers un épanouissement émotionnel authentique.

Découverte des émotions

Les émotions sont des compagnons fidèles de notre voyage à travers la vie. Elles colorent notre expérience quotidienne, tissant un canevas complexe de sentiments qui nous guident et nous inspirent. Explorons cette riche palette émotionnelle à travers une liste d'émotions courantes et leur description :

La joie, douce et exubérante, éclaire notre cœur d'un éclat radieux. Elle nous envahit de bonheur, de plaisir et de contentement, illuminant les recoins les plus sombres de notre être.

La tristesse, telle une pluie fine et mélancolique, nous fait ressentir un chagrin profond et une déception lancinante. Elle peut être le reflet de nos pertes et de nos déceptions, nous invitant à prendre le temps de guérir et de nous apaiser.

La colère, pareil à un volcan en éruption, fait bouillonner en nous une frustration ardente, une rage dévorante. Elle peut être un signal d'injustice ou un appel à l'action, nous poussant à exprimer nos besoins et à protéger nos limites.

La peur, comme un vent glacé, suscite en nous une anxiété et une appréhension face à l'inconnu ou au danger. Elle est une réaction instinctive qui nous invite à la prudence et à la vigilance.

La surprise, telle une étoile filante dans la nuit, nous laisse dans un état d'étonnement et de stupéfaction face à un événement inattendu. Elle est un rappel que la vie est remplie de mystères et d'imprévus.

Le dégoût, semblable à un goût amer dans notre bouche, nous éloigne de ce qui est répugnant ou déplaisant. C'est une réaction de protection qui nous incite à nous distancer de ce qui peut nous nuire.

L'envie, telle une ombre sombre, peut teinter notre cœur d'un désir brûlant pour ce que possède une autre personne. Elle peut être une occasion de nous interroger sur nos propres désirs et aspirations.

L'amour, pareil à un baume apaisant, enveloppe notre être d'affection, de tendresse et d'attachement profond. C'est une émotion puissante qui nourrit nos relations et enrichit notre vie.

La fierté, comme une étoile brillante dans le ciel, nous élève et nous remplit de satisfaction et de respect envers nous-mêmes. C'est une célébration de nos accomplissements et de nos réussites.

La honte, tel un nuage sombre, nous engloutit d'un sentiment de gêne et de regret suite à des actions allant à l'encontre de nos valeurs et de nos principes.

La jalousie, semblable à une vague agitée, nous submerge d'un sentiment de rivalité et d'envie envers ceux qui possèdent ce que nous désirons.

L'enthousiasme, telle une flamme dansante, embrase notre cœur d'une excitation et d'une passion pour la vie et ses opportunités.

Le soulagement, comme un souffle apaisant, libère notre esprit d'un fardeau en nous procurant un sentiment de satisfaction et de délivrance après avoir surmonté un défi.

L'excitation, pareille à une frénésie joyeuse, réveille notre énergie et notre vitalité face à des aventures inexplorées.

La confiance, comme une base solide, nous procure un sentiment de sécurité et de foi en nous-mêmes et en nos capacités.

Le doute, tel un vent hésitant, soulève des questions et des incertitudes sur nos choix et nos décisions.

La nostalgie, identique à une mélodie douce-amère, nous plonge dans un sentiment de réminiscence et de regret pour les souvenirs du passé.

La frustration, pareil à un étau serré, éveille en nous un sentiment de déception et d'irritation lorsque nos désirs ou nos attentes ne sont pas réalisés.

La déception, tel un voile obscur, teinte notre cœur d'une tristesse et d'une déception profonde lorsque nos espérances ne sont pas comblées.

Le contentement, comme une oasis sereine, nous emplit d'un sentiment de satisfaction et de plénitude face à notre vie présente.

La timidité, semblable à une brise délicate, nous enrobe d'une gêne et d'une réticence sociale.

Il est important de se rappeler que cette liste n'est qu'un éventail de nos émotions, et que chacune d'entre elles peut être complexe et nuancée. Nous pouvons souvent ressentir plusieurs émotions à la fois, créant ainsi une symphonie émotionnelle unique en nous. Ces émotions, tels les pinceaux d'un peintre, tissent une fresque émotionnelle qui orne le tableau de nos vies. Il est essentiel d'honorer et de comprendre ces émotions pour apprécier pleinement l'œuvre d'art émotionnelle qui nous définit. C'est en nous laissant toucher par l'éventail des émotions que nous sommes invités à découvrir la richesse de notre être intérieur.

Manifestations des émotions citées

Les émotions, telles des vagues sur l'océan de notre être, se manifestent de multiples manières, traduisant la richesse et la diversité de notre monde émotionnel. Chacune d'elles danse sur la scène de notre existence avec sa propre chorégraphie, offrant ainsi une palette d'expressions aussi variées que les couleurs d'un arc-en-ciel.

La joie, cette étincelle lumineuse qui fait pétiller nos yeux, se traduit par un sourire radieux, un rire contagieux et une voix empreinte de bonheur. Nous devenons alors dynamiques, énergiques et portés par une aura positive qui rayonne autour de nous.

À l'opposé, la tristesse dessine sur notre visage un voile de mélancolie, faisant briller nos yeux de larmes contenues. Notre voix se teinte de douceur, et notre comportement se fait plus réservé, comme pour préserver notre intimité émotionnelle.

La colère, ce feu intérieur qui consume nos émotions, fait gronder notre voix, tandis que nos poings se serrent instinctivement. Nos sourcils se froncent, révélant notre indignation, et notre comportement peut devenir agressif ou chargé de combativité.

La peur, tel un écho lointain, se répercute dans notre corps par des battements de cœur affolés et une respiration saccadée. Notre voix tremble, et notre comportement devient souvent craintif, cherchant à éviter le danger qui nous guette, réel ou imaginaire.

La surprise, telle une brève éclaircie, illumine notre visage d'un étonnement sincère ; nos yeux s'écarquillent, notre bouche s'ouvre d'émerveillement, et notre voix s'élève dans un ton haut et étonné.

Le dégoût, ce frisson de répulsion, se matérialise par un froncement du nez et une moue dédaigneuse. Notre voix se teinte d'un sentiment répugné, et notre comportement peut exprimer un rejet vis-à-vis de l'objet de notre dégoût.

L'envie, ce grondement sourd, se trahit dans notre regard chargé d'envie et notre voix empreinte de jalousie. Notre comportement peut se teinter d'agacement ou de frustration face à ce que nous désirons ardemment.

L'amour, cette caresse de l'âme, illumine notre visage d'un éclat bienveillant et notre voix se fait tendre et affectueuse. Notre comportement devient empreint de soin et d'attention envers ceux que nous aimons.

La fierté, cette étincelle d'accomplissement, se lit dans notre regard fier et notre voix empreinte d'assurance. Notre comportement reflète une confiance en nous, témoignant du respect que nous avons pour nous-mêmes.

La honte, ce fardeau intérieur, se cache derrière notre regard baissé et notre voix empreinte de gêne. Notre comportement devient réservé, comme pour nous protéger de cette émotion qui écorche notre estime de nous-mêmes.

La jalousie, ce sentiment d'incomplétude, colore notre regard d'une lueur brûlante et notre voix se teinte d'une pointe de suspicion. Notre comportement peut exprimer de la méfiance envers ceux qui possèdent ce que nous désirons ardemment.

L'enthousiasme, cette flamme qui nous anime, illumine notre visage d'une lueur vive et notre voix devient exaltée. Notre comportement reflète notre dynamisme et notre passion pour ce qui nous anime.

La confiance, ce pilier solide, se lit dans notre regard assuré et notre voix empreinte de conviction. Notre comportement traduit notre détermination à avancer avec assurance dans nos choix.

Le doute, ce nuage incertain, se manifeste dans notre regard hésitant et notre voix empreinte d'interrogations. Notre comportement peut être indécis, cherchant à trouver une réponse ou une direction claire.

La nostalgie, cette mélodie du passé, se dessine dans notre regard empreint de souvenirs lointains et notre voix devient douce et empreinte de tristesse. Notre comportement se fait rétrospectif, plongeant dans les souvenirs qui ont marqué notre histoire.

La frustration, ce tourbillon intérieur, se trahit dans notre regard agacé et notre voix empreinte de déception. Notre comportement peut être irrité ou impuissant, face à un obstacle qui résiste à nos efforts.

La déception, cette pluie d'émotions, se lit dans notre regard empreint de tristesse et notre voix teintée de déception. Notre comportement devient abattu ou résigné face à une attente non comblée.

Le contentement, ce souffle paisible, se dessine sur notre visage apaisé et notre voix devient satisfaite. Notre comportement traduit une sérénité intérieure face à ce qui est.

Enfin, la timidité, telle une brise délicate, se traduit par notre regard fuyant et notre voix réservée. Notre comportement peut être en retrait, cherchant à préserver notre vulnérabilité.

Ces manifestations émotionnelles, uniques et diverses, sont comme des notes de musique qui composent la symphonie de notre être. Elles nous invitent à accueillir et à comprendre notre monde émotionnel, une danse délicate où chaque émotion a sa place. Il est essentiel de reconnaître et de respecter ces manifestations pour mieux apprécier les multiples facettes de notre humanité.

Influences des émotions sur notre comportement

Les émotions, tels des artisans de notre âme, façonnent notre comportement de manière profonde et délicate. Telles des guides intérieures, elles nous inspirent des actions et des réactions variées, créant ainsi une symphonie complexe qui nous relie au monde qui nous entoure.

La joie, cette étincelle enjouée, se transforme en un aimant social. Elle nous pousse à rechercher la compagnie des autres, à être plus ouverts et curieux, prêts à aider et soutenir ceux qui nous entourent. La joie devient une muse créative, libérant en nous un flot d'idées nouvelles et audacieuses.

Face à la tristesse, notre comportement se teinte d'un voile mélancolique. Moins sociables, nous préférons chercher la solitude pour nous retrouver avec nos émotions intérieures. Moins portés à aider autrui, nous nous concentrons sur notre bien-être personnel, et la créativité se fait plus discrète.

La colère, cet incendie brûlant, nous pousse à l'action directe. Plus agressifs, nous voulons affronter les problèmes sans détour, mais parfois au détriment de l'écoute et de la compréhension des autres. La patience et la tolérance s'amenuisent face à cette tempête émotionnelle.

La peur, cette sentinelle vigilante, nous pousse à la prudence et à l'évitement du danger. Moins enclins à prendre des risques, nous restons sur nos gardes, évitant les situations potentiellement dangereuses. La découverte de nouvelles choses est freinée par cette peur qui se glisse dans notre comportement.

Soudain, la surprise frappe comme un éclair, et notre comportement s'anime d'une attention renouvelée. Moins prévisibles, nous nous ouvrons davantage à l'inconnu, accueillant les expériences nouvelles avec une curiosité sincère.

Le dégoût, ce gardien de notre intégrité, nous éloigne de ce qui nous répugne. Fronçant le nez, nous manifestons notre révulsion face à certaines choses ou personnes, préservant ainsi notre bien-être émotionnel.

L'envie, cette ombre insaisissable, nous pousse à désirer ce qui échappe à notre possession. Moins satisfaits de notre propre sort, nous nous tournons vers ce que d'autres possèdent, oubliant parfois d'apprécier les richesses de notre vie.

L'amour, ce doux baume de l'âme, nous guide vers l'autre. Notre comportement se teinte d'une attention délicate envers la personne aimée. Nous devenons plus enclins à aider et à soutenir, à être patients et tolérants envers cette relation précieuse.

Porteurs de fierté, nous marchons sur des sentiers confiants et sûrs. Plus déterminés, nous sommes prêts à prendre des risques, nous ouvrant à de nouvelles possibilités. Les accomplissements que nous valorisons nous insufflent un sentiment d'estime de soi et de satisfaction.

Face à la honte, notre comportement s'enfouit dans la réserve. Moins enclins à prendre la parole ou à nous mettre en avant, nous nous protégeons de cette émotion qui égratigne notre confiance en nous.

La jalousie, cette ombre qui nous suit, perturbe notre équilibre émotionnel. Moins enclins au bonheur pour autrui, nous pouvons parfois être possessifs et chercher à contrôler les personnes et les choses qui nous intéressent.

L'enthousiasme, cette danse exaltée, nous entraîne vers de nouveaux horizons. Plus dynamiques, nous débordons d'énergie et de positivité, embrassant chaque opportunité avec passion.

Porteurs de confiance, nous devenons maîtres de notre destin. Notre comportement témoigne de notre capacité à prendre des décisions, à affronter les défis avec audace, et à croire en nous-mêmes et en nos capacités.

Le doute, ce voile incertain, peut parfois nous paralyser. Moins enclins à prendre des décisions, nous hésitons face aux défis, doutant de nous-mêmes et des autres.

La nostalgie, cette vague du passé, nous emporte dans le souvenir. Plus enclins à regarder derrière nous, nous pouvons parfois laisser le regret éclipser nos perspectives d'avenir.

La frustration, ce tourbillon intérieur, fait grincer notre comportement. Moins enclins à persévérer, nous pouvons être irrités ou impatients face aux obstacles qui se dressent sur notre chemin.

La déception, cette pluie d'émotions, obscurcit notre regard. Moins enclins à voir le côté positif des choses, nous pouvons être déçus et avoir des attentes moins élevées.

Dans le contentement, notre comportement trouve la quiétude. Satisfaits de ce que nous avons accompli, nous éprouvons un sentiment de plénitude, détaché du désir constant de vouloir plus.

Quant à la timidité, elle joue les timides danseuses. Nous devenons plus réservés, protégeant notre vulnérabilité au sein des interactions sociales.

Ces influences émotionnelles, ces nuances qui teintent notre comportement, sont les fils invisibles qui tissent la toile de notre vie. Tout comme un peintre devant sa palette de couleurs, nous sommes les artistes de nos émotions, sculptant notre comportement en fonction des émotions qui s'expriment en nous. Ces interactions entre émotions et comportement nous invitent à une danse délicate, une exploration intime de notre être. La prise de conscience de ces liens subtils nous ouvre les portes de l'acceptation de nous-mêmes et des autres, favorisant ainsi une voie vers un développement personnel épanoui.

Outils d'identification des émotions

Au cœur de notre être réside un labyrinthe complexe d'émotions qui influencent notre expérience de vie. Identifier et comprendre ces émotions est essentiel pour naviguer avec sagesse et équilibre sur les chemins sinueux de notre existence. Voici donc quelques outils concrets, tels des compas intérieurs, pour nous guider dans cette quête d'autodécouverte émotionnelle.

Premièrement, la régulation émotionnelle nous invite à cultiver des stratégies pour maîtriser nos émotions de manière saine et adaptée. Pratiquer la respiration profonde, la relaxation, la visualisation, la méditation, ou encore s'adonner à la marche ou au sport nous offre un précieux équilibre intérieur.

Ensuite, la reconnaissance et l'expression de nos émotions sont des portails vers une compréhension plus profonde de nous-mêmes. En nommant nos émotions à l'aide des mots, en les couchant sur le papier dans un journal intime, en partageant notre ressenti avec un ami ou un professionnel, ou même en les exprimant à travers la création artistique, nous libérons les énergies émotionnelles emprisonnées.

Parallèlement, la compréhension de nos émotions nous invite à explorer les racines de nos sentiments intérieurs. Nous plongeons dans les méandres de notre histoire personnelle, dévoilant les liens profonds entre nos expériences passées et nos émotions présentes. Réflexion personnelle, discussions avec un ami ou un professionnel, lectures sur le sujet, ou encore participation à des groupes de soutien ou à des thérapies, peuvent être autant de chemins pour éclairer ces connexions.

Au-delà de la compréhension, l'acceptation de nos émotions constitue un pilier essentiel du développement personnel. Faire preuve de bienveillance envers chaque émotion, y compris celles qui sont désagréables ou difficiles, nous permet de trouver un équilibre émotionnel. L'autocompassion, la recherche de moments de paix et de gratitude dans notre quotidien, la pratique de l'écoute de soi et du lâcher-prise nous guident vers cet état d'acceptation.

Nos émotions se révèlent également à travers le langage subtil de notre corps. Le langage corporel nous parle, nous révélant les signaux physiques de nos émotions. En prenant conscience de ces manifestations corporelles, comme les poings serrés en cas de colère ou les épaules tendues en cas de peur, nous pouvons mieux identifier et comprendre nos émotions.

Le journal émotionnel, véritable compagnon de voyage intérieur, nous invite à écrire chaque jour nos émotions. À travers ces mots couchés sur le papier, nous observons nos états d'âme, comprenant ainsi les déclencheurs de nos émotions, nos réactions et les évolutions émotionnelles.

Pour explorer notre univers émotionnel, nous pouvons également nous référer à une liste d'émotions de base. Ces huit émotions universelles — joie, tristesse, colère, peur, surprise, dégoût, envie, amour — sont des boussoles fiables qui nous aident à mieux identifier et comprendre nos sentiments.

Au-delà des émotions de base, se dévoilent les émotions secondaires, plus nuancées et complexes. Avec une liste de plus de 50 émotions secondaires en main, nous plongeons dans les nuances infinies de notre monde émotionnel, saisissant les nuances subtiles qui teintent notre être intérieur.

Par ailleurs, la gestion du stress s'avère primordiale dans l'équilibre de nos émotions. Apprendre à gérer le stress efficacement nous permet de mieux contrôler nos émotions, de nous apaiser intérieurement. La respiration profonde, la relaxation, la visualisation, la méditation, la marche ou le sport sont autant d'outils bienfaisants pour nous détendre.

Au carrefour des relations humaines, la communication devient un art qui nous permet d'exprimer nos émotions avec justesse et respect. La communication non violente s'avère un précieux allié pour comprendre les besoins et les points de vue des autres et gérer nos émotions dans nos interactions avec autrui.

Dans cette quête du bien-être émotionnel, l'importance de l'exercice physique et d'une alimentation saine ne doit pas être sous-estimée. L'exercice libère des endorphines, procurant un sentiment de bien-être dans notre corps. Une alimentation saine renforce notre esprit et contribue à notre équilibre émotionnel.

Enfin, la pratique de la gratitude nous ouvre les portes du contentement et de la paix intérieure. Prendre le temps de remercier pour les aspects positifs de notre vie nous permet de nous reconnecter à l'essentiel et d'entretenir un état d'esprit positif.

Chaque outil ici présenté est une perle précieuse à intégrer dans notre quête d'identification et de compréhension de nos émotions. Tel un jardinier de l'âme, nous prenons soin de ces fleurs intérieures pour cultiver un équilibre émotionnel, nourrissant ainsi notre développement personnel. Dans ce voyage intérieur, la patience et la pratique sont les compagnons fidèles qui nous guident vers une vie plus épanouissante et pleine de sens.

Les émotions secondaires

Dans le dédale complexe de notre monde émotionnel se dessinent les émotions secondaires, ces nuances subtiles qui émergent des émotions de base. Telles des teintes chatoyantes, elles donnent vie à une palette riche et variée de plus de 50 émotions secondaires. Parmi elles se trouvent l'anxiété frémissante, la colère frustrée, la tristesse désespérée, la peur paniquée, la surprise choquée, l'envie jalouse et l'amour passionné.

Ces émotions secondaires sont le fruit de combinaisons ou d'interactions complexes entre les émotions de base. Elles peuvent être influencées par notre monde intérieur, telles que nos pensées, nos croyances, nos valeurs, ainsi que nos expériences passées, laissant une empreinte unique sur notre être. Par exemple, la colère frustrée naît d'une fusion entre la colère et la frustration, tandis que la tristesse désespérée prend vie de l'alliance entre la tristesse et le désespoir.

Prendre conscience de ces émotions secondaires, les comprendre avec bienveillance, c'est ouvrir une porte vers une compréhension plus profonde de nous-mêmes. Elles nous dévoilent des indices précieux sur nos besoins, nos valeurs, et nos expériences passées. En éclairant ces émotions dans la lumière de la conscience, nous pouvons mieux les gérer, les apprivoiser, et les intégrer de manière saine et équilibrée.

Il est important de ne pas négliger ces nuances émotionnelles, car elles enrichissent notre monde intérieur et notre compréhension de nous-mêmes. Dans ce voyage d'autodécouverte, nous apprenons à reconnaître les contours délicats de nos émotions secondaires et à les accueillir avec bienveillance. En naviguant avec prudence à travers ces eaux émotionnelles plus profondes, nous élargissons notre conscience et cultivons notre développement personnel.

Dans cette exploration des émotions secondaires, nous apprenons à devenir des observateurs attentifs de notre intériorité. Tel un chercheur de trésors, nous nous aventurons dans les profondeurs de notre âme pour y dénicher ces joyaux cachés. Ces émotions secondaires peuvent être comme des échos du passé, des échos de notre histoire personnelle. En les écoutant avec attention, nous pouvons en apprendre davantage sur nos réactions émotionnelles présentes et mieux comprendre les influences qui les ont façonnées.

Dans la danse subtile de nos émotions secondaires, nous pouvons reconnaître les schémas émotionnels qui colorent notre existence. En éclairant ces teintes intérieures, nous pouvons choisir d'embrasser celles qui nous élèvent et nous guident vers l'épanouissement. Parfois, certaines nuances émotionnelles peuvent être des signaux d'alerte, nous indiquant qu'il est temps de prendre soin de nous-mêmes, de cultiver l'harmonie intérieure, et de trouver l'équilibre.

Le voyage vers la connaissance de soi, incluant les émotions secondaires, est un chemin de patience et de bienveillance envers soi-même. Nous cultivons un regard aimant sur notre intériorité, en acceptant ces nuances émotionnelles sans jugement. Chaque teinte émotionnelle est un reflet de notre humanité, une part de nous qui mérite d'être accueillie et respectée.

En embrassant nos émotions secondaires, nous tissons une toile de connexion avec notre être intérieur, un pas de plus vers l'acceptation de notre complexité émotionnelle. En nous accordant cet espace de compréhension, nous devenons les artisans de notre équilibre émotionnel et du développement de notre plein potentiel. La danse des émotions secondaires, alors, devient une symphonie harmonieuse qui nous guide vers une vie épanouissante et équilibrée.

Comprendre et gérer les émotions

Comprendre et gérer nos émotions est un voyage profond et éclairant, une danse subtile entre l'introspection et la conscience de soi. Pour entreprendre cette quête intérieure, nous pouvons suivre plusieurs étapes qui nous guideront vers une compréhension plus profonde et une gestion saine de nos émotions.

La première étape consiste à identifier nos émotions, à les reconnaître avec bienveillance. Pour ce faire, nous pouvons utiliser des outils tels que le langage corporel, qui nous livre des indices sur notre état émotionnel. Nos mains serrées, nos épaules tendues, notre visage rougi peuvent être autant de signaux qui révèlent nos émotions intérieures. Un journal émotionnel peut également être un compagnon précieux dans ce voyage, nous invitant à coucher nos émotions sur le papier et à les observer sans jugement.

Nous pouvons également nous familiariser avec les émotions de base, cette liste de huit émotions qui transcendent les cultures et qui sont les fondements de notre univers émotionnel. En reconnaissant ces émotions primaires telles que la joie, la tristesse, la colère, la peur, la surprise, le dégoût, l'envie et l'amour, nous pouvons mieux comprendre nos émotions plus complexes et nuancées.

Une fois que nous avons identifié nos émotions vient la deuxième étape, celle de comprendre leurs causes. Cette exploration nous amène à nous poser des questions profondes. Qu'est-ce qui a déclenché cette émotion ? Quels besoins, quelles valeurs sont en jeu ? Comment cette émotion est-elle liée à notre histoire personnelle, à nos expériences passées ? C'est une quête intérieure qui peut être guidée par la réflexion personnelle, les échanges avec des amis ou des professionnels, la lecture de livres ou d'articles, ou encore la participation à des groupes de soutien ou à des thérapies.

Vient ensuite la troisième étape, celle de l'acceptation de nos émotions. L'acceptation ne signifie pas adhérer ou s'abandonner à nos émotions, mais plutôt les accueillir sans jugement ni résistance. C'est un acte d'ouverture et de bienveillance envers nous-mêmes, un cheminement vers l'acceptation de notre humanité et de notre complexité émotionnelle. La pratique de l'autocompassion, la recherche de moments de paix et de gratitude dans notre vie, l'écoute de soi et le lâcher-prise sont autant d'outils qui nous aident à accueillir nos émotions avec bienveillance.

Enfin, vient la quatrième étape, celle de la gestion saine de nos émotions. Après avoir accepté nos émotions, nous sommes prêts à les gérer de manière équilibrée. Pour cela, nous pouvons utiliser des stratégies de régulation émotionnelle. La respiration profonde, la relaxation, la visualisation, la méditation, la marche ou le sport sont autant d'outils qui nous permettent de gérer nos émotions de manière saine et adaptée.

Il est essentiel de rappeler que la compréhension et la gestion de nos émotions sont un processus continu qui nécessite de la patience et de la pratique. Chaque individu est unique, ce qui fonctionne pour l'un peut ne pas convenir à l'autre. Trouver les outils et les stratégies qui nous correspondent le mieux et les adapter à nos besoins et à notre personnalité est primordial dans cette démarche de développement personnel.

De plus, ce voyage intérieur est en perpétuelle évolution ; c'est un cheminement où nous apprenons toujours de nouvelles choses sur nous-mêmes et sur nos émotions. Si nous rencontrons des difficultés à comprendre et à gérer nos émotions, il est précieux de solliciter l'aide d'un professionnel de la santé mentale. Ce soutien adapté à notre situation peut nous offrir une boussole dans cette exploration émotionnelle.

Enfin, n'oublions pas que la compréhension et la gestion de nos émotions sont les clés d'un bien-être émotionnel épanouissant. En embrassant nos émotions avec compassion et en les accompagnant avec bienveillance, nous devenons les maîtres de notre propre équilibre émotionnel, ouvrant ainsi la voie à une vie plus sereine et épanouissante. Alors, avec courage et tendresse envers nous-mêmes, osons entreprendre ce voyage intérieur qui nous réserve tant de trésors cachés.

La pleine conscience

La pleine conscience, une pratique méditative empreinte de sagesse et de bienveillance, nous invite à être pleinement présents à l'instant présent, en abandonnant tout jugement et toute distraction. Elle nous propose d'adopter une attitude d'observateur impartial vis-à-vis de nos sensations, émotions et pensées, avec une attention bienveillante et curieuse.

Cette pratique enveloppe une multitude d'approches, telles que la méditation de pleine conscience, la respiration consciente, la marche méditative, l'observation de l'alimentation ou encore la conscience de nos sensations corporelles. Elle peut être expérimentée dans différentes postures : assis, debout, allongé ou même en marchant, offrant ainsi une variété d'expériences pour satisfaire chacun.

Les bienfaits de la pleine conscience se déploient sur le plan émotionnel et physique. En nous reliant à nous-mêmes et en recentrant notre esprit, cette pratique nous permet de mieux gérer notre stress, de goûter à la paix intérieure et de vivre l'instant présent avec une conscience accrue. Elle nous ouvre la porte d'une compréhension plus profonde et d'une acceptation authentique de nos émotions et pensées, plutôt que de chercher à les fuir ou à les rejeter.

Pour s'initier à la pleine conscience, de multiples ressources sont à notre disposition. Livres, articles, applications, vidéos, cours ou ateliers, chacun peut trouver une voie qui résonne avec lui. La guidance d'un professionnel de la santé mentale ou d'un enseignant expérimenté peut également s'avérer précieuse pour nous accompagner dans notre pratique. L'essentiel est de trouver la méthode qui nous correspond le mieux et de l'adopter de façon régulière afin d'en savourer les bienfaits.

En pratiquant la pleine conscience, nous sommes invités à cultiver la présence à chaque instant de notre vie. Nous apprenons à savourer les petits bonheurs qui se glissent dans notre quotidien, à porter une attention aimante à nos ressentis, à nos émotions et à nos pensées.

En nous libérant des préoccupations du passé et des inquiétudes pour l'avenir, nous trouvons la liberté d'être tout simplement « ici et maintenant ».

La pleine conscience nous offre également la possibilité de faire la paix avec nous-mêmes, de nous accueillir tels que nous sommes, avec bienveillance et compassion. En acceptant nos imperfections et en embrassant notre humanité, nous découvrons la clé d'un épanouissement intérieur. Nous cessons de nous juger, de nous critiquer, et nous nous ouvrons à l'amour de soi, fondement d'une estime de soi solide et d'une harmonie intérieure durable.

Lorsque nous pratiquons la pleine conscience, nous développons la capacité d'accueillir nos émotions, aussi intenses ou désagréables soient-elles, sans nous laisser submerger. Nous apprenons à accueillir nos pensées, sans nous identifier à elles ni nous laisser emporter par leur flot incessant. Cette liberté intérieure nous offre une clarté d'esprit et une sérénité profonde.

Ainsi, la pleine conscience devient une boussole qui nous guide sur le chemin de la découverte de nous-mêmes. Elle nous permet d'explorer notre monde intérieur avec curiosité et ouverture. Nous apprenons à reconnaître nos schémas de pensée, nos réactions émotionnelles, et nous découvrons que nous avons le pouvoir de choisir notre réponse à chaque instant.

En somme, la pleine conscience est un trésor qui se cache au creux de notre être. Elle nous rappelle que nous sommes les gardiens de notre esprit, les artisans de notre bien-être émotionnel et physique. En nous connectant à cette présence consciente, nous goûtons à l'essence même de la vie, dans toute sa beauté et sa simplicité. Alors, respirons, observons, accueillons et célébrons cette merveilleuse aventure qu'est la pleine conscience.

Naviguer les océans émotionnels

La pleine conscience, telle une boussole éclairée, peut nous guider dans la découverte et la gestion de nos émotions, nous révélant un monde d'introspection et de sagesse. Voici comment cette pratique peut nous aider à mieux comprendre et à gérer nos émotions.

Premièrement, la pleine conscience éveille notre conscience émotionnelle. En accordant une attention bienveillante à nos émotions présentes, nous apprenons à les reconnaître avec clarté lorsqu'elles émergent. Nous devenons des témoins attentifs de leurs manifestations subtiles, comme des joyaux cachés dans les profondeurs de notre être. Cette lucidité émotionnelle nous permet de mieux comprendre l'influence de nos émotions sur notre comportement et sur nos relations avec autrui.

Deuxièmement, la pleine conscience nous invite à embrasser nos émotions avec acceptation. Dans cet espace de bienveillance, nous accueillons chaque émotion, même les plus tumultueuses, sans les juger ni les rejeter. Plutôt que de nous détourner de nos sentiments désagréables, nous choisissons de les ressentir pleinement et de les accepter comme faisant partie intégrante de notre expérience humaine. Cette acceptation inconditionnelle nous libère de l'emprise du rejet ou de la fuite, nous permettant ainsi de faire face à nos émotions avec courage et ouverture.

Troisièmement, la pleine conscience nous offre des outils pour mieux gérer nos émotions. En cultivant cette présence consciente, nous développons la capacité de réguler nos états émotionnels. Lorsque la tempête de nos émotions menace de nous submerger, nous pouvons faire appel à des stratégies de régulation émotionnelle pour calmer les eaux agitées. La respiration profonde, la relaxation, la méditation, la marche méditative et d'autres techniques deviennent nos alliées pour apaiser nos émotions et retrouver l'équilibre intérieur.

Il est essentiel de se rappeler que la pleine conscience est une pratique qui requiert patience et persévérance. Chaque individu est unique et sa relation avec la pleine conscience sera singulière. Il est donc primordial de trouver l'approche qui nous convient le mieux et de l'incorporer régulièrement dans notre vie pour en récolter les bienfaits.

En somme, la pleine conscience nous ouvre les portes d'une compréhension profonde de nos émotions, tout en nous donnant les clés pour les gérer de manière éclairée. Elle nous apprend à être présents à nos émotions sans les subir aveuglément, à les accueillir avec bienveillance plutôt que de les fuir, et à utiliser des stratégies de régulation pour apaiser leur tumulte. Avec patience et engagement, la pratique de la pleine conscience peut devenir une précieuse alliée sur le chemin de l'harmonie émotionnelle et de l'épanouissement intérieur.

Exercices pratiques de pleine conscience

Découvrez à présent une série d'exercices pratiques qui vous permettront de développer pleinement votre conscience et de vous épanouir dans le voyage de l'existence :

1. **Méditation de pleine conscience :** installez-vous confortablement, que ce soit assis ou allongé. Fermez délicatement vos yeux et portez toute votre bienveillance et votre curiosité vers votre respiration, tout en étant attentif à vos sensations corporelles. Autorisez-vous à observer vos émotions et vos pensées, tels des nuages dans le ciel de votre esprit. Si des pensées ou des bruits extérieurs viennent vous distraire, laissez-les simplement filer, ramenant doucement votre attention vers votre souffle et les sensations présentes.
2. **Respiration consciente :** prenez un moment pour vous installer confortablement, assis ou allongé, et fermez vos yeux en douceur. Portez une attention bienveillante à votre respiration. Observez l'air qui entre et sort de votre corps, le mouvement délicat de votre poitrine et de votre ventre, ainsi que le rythme apaisant de votre souffle. Si des pensées ou des sons extérieurs viennent vous déranger, laissez-les passer avec sérénité, ramenant délicatement votre attention vers votre respiration.
3. **Marche méditative :** laissez-vous emporter par une marche lente et délibérée, tout en étant pleinement conscient de vos sensations corporelles et de l'environnement qui vous entoure. Ressentez la connexion de vos pieds avec le sol, observez gracieusement le mouvement de votre corps, et savourez les couleurs, les parfums et les sons qui vous enveloppent. Si des pensées ou des bruits extérieurs vous perturbent, laissez-les simplement s'évanouir, recentrant doucement votre attention

sur votre marche et l'instant présent.

4. **Observation de l'alimentation :** accordez-vous le temps de manger lentement, en cultivant une bienveillance et une curiosité envers vos aliments. Prenez conscience de leurs textures, de leurs couleurs, de leurs arômes envoûtants et de leurs saveurs délicates. Soyez également attentif à vos sensations de faim et de satiété, en vous arrêtant naturellement lorsque vous êtes rassasié.
5. **Observation de ses sensations corporelles :** allongez-vous confortablement et portez une attention bienveillante et curieuse à vos sensations corporelles. Laissez-vous imprégner par la sensation de votre corps en contact avec le lit, la douceur de votre souffle, la détente de vos muscles et le toucher délicat de votre peau. Si des pensées ou des bruits extérieurs viennent vous détourner, acceptez-les sans jugement, ramenant tout en douceur votre attention vers vos sensations présentes.

Trouvez l'exercice qui résonne le mieux avec votre être intérieur et pratiquez-le régulièrement. Offrez-vous le temps et l'espace nécessaires pour vous concentrer et vous recentrer. La pleine conscience est une pratique qui demande patience et persévérance, mais ses bienfaits pour votre bien-être émotionnel et physique en valent la peine.

Ainsi, épanouissons-nous dans cette danse harmonieuse entre notre esprit et notre corps, laissant éclore la pleine conscience qui nourrit notre être tout entier. Dans cette quête, nous embrassons l'instant présent, libérés des fardeaux du passé et des préoccupations de l'avenir. Chaque exercice nous ouvre une porte vers une existence plus riche, nous invitant à goûter pleinement la vie dans sa simplicité éblouissante.

En pratiquant avec régularité, nous éveillons notre conscience au-delà des limites habituelles. Au cœur de la pleine conscience, nous découvrons la paix intérieure et la sérénité qui se déploient comme les pétales d'une fleur céleste, enrichissant notre voyage sur cette terre.

Laissons la plénitude de la pleine conscience s'épanouir en nous telle une étreinte chaleureuse qui nous relie à l'essence même de notre être. Dans cet éveil, nous trouvons un refuge intérieur où les turbulences de la vie peuvent s'apaiser, et où la clarté de l'instant présent peut illuminer notre chemin.

Que cette pratique de la pleine conscience soit pour nous une boussole, guidant nos pas avec amour et bienveillance dans ce voyage merveilleux qu'est la vie. Au fil des jours, cultivons cette précieuse qualité d'attention à chaque instant, transformant notre existence en un tableau d'émerveillement, où chaque couleur et chaque trait de pinceau contribuent à la beauté infinie de notre existence.

Dans cet état de conscience éveillée, nous réalisons que nous sommes les auteurs de notre réalité, créant chaque ligne de notre histoire avec nos pensées, nos intentions et nos actions. Dans l'acceptation profonde de nous-mêmes, nous trouvons le pouvoir de nous transformer et d'offrir au monde notre plus belle œuvre d'art : une vie vécue avec conscience, amour et compassion.

Ainsi, chers voyageurs de l'esprit, nous vous invitons à embrasser ces exercices de pleine conscience, à les explorer avec ouverture et détermination, et à laisser leurs bienfaits éclairer votre chemin vers une existence épanouie et empreinte de sens. Puissent-ils être une source d'inspiration et d'émerveillement, un doux rappel de la beauté qui réside en vous et autour de vous, à chaque instant de cette magnifique aventure qu'est la vie.

Importance de la communication émotionnelle

L'essence même de la communication émotionnelle réside dans l'art subtil d'exprimer nos émotions et nos sentiments par le biais des mots, des gestes, des mimiques et des intonations de notre voix. Cet aspect fondamental joue un rôle crucial dans toutes nos relations humaines, car il nous offre un moyen précieux de nous connecter authentiquement les uns aux autres, de nous comprendre mutuellement et de partager nos expériences les plus intimes.

En effet, l'expression émotionnelle est le langage universel qui transcende les barrières culturelles et linguistiques. Elle nous permet d'accéder à notre monde intérieur et de le communiquer à autrui avec une profondeur et une nuance incomparables. Par ce canal ouvert et sincère, nous pouvons bâtir des ponts entre nos âmes, tissant ainsi les liens qui donnent vie à des relations significatives et enrichissantes.

Premièrement, la communication émotionnelle nous guide vers une meilleure compréhension de nos propres émotions et de nos besoins intérieurs. Lorsque nous prenons le temps de nommer et d'exprimer nos sentiments, nous leur offrons un espace pour nous révéler à nous-mêmes. Cette introspection bienveillante nous permet de mieux saisir ce qui se trame au plus profond de notre être et de reconnaître les besoins qui sous-tendent nos émotions. Ainsi éclairés, nous pouvons œuvrer pour répondre à ces besoins essentiels, favorisant ainsi notre bien-être émotionnel et notre épanouissement personnel.

Deuxièmement, la communication émotionnelle est une porte ouverte vers la compréhension empathique des autres. Lorsque nous prêtons une oreille attentive aux émotions exprimées par nos semblables, nous ouvrons notre cœur à leur réalité subjective. Nous découvrons alors une perspective différente de la nôtre, nous aidant à saisir les nuances de leurs expériences. Cette empathie nous conduit vers un respect plus profond de leurs émotions, de leurs besoins et de leurs valeurs. Ainsi, nous sommes en mesure de les soutenir et de les respecter pleinement dans leur unicité et leur diversité.

Troisièmement, la communication émotionnelle se révèle être une alliée précieuse dans la résolution des conflits. En nous exprimant de manière ouverte, honnête et respectueuse, nous évitons les pièges de la retenue et de la dissimulation, créant ainsi un espace sûr où les émotions peuvent être entendues et traitées. Par ce dialogue ouvert, nous pouvons mettre en lumière les différences qui nous séparent, mais aussi les points d'accord qui peuvent devenir des bases solides pour des solutions constructives. La communication émotionnelle nous permet ainsi de trouver des compromis satisfaisants pour toutes les parties impliquées, encourageant une harmonie durable.

Enfin, la communication émotionnelle érige les fondations solides de la confiance et de l'intimité dans nos relations. En partageant avec authenticité et vulnérabilité nos émotions les plus profondes, nous créons des espaces de confiance où chacun peut être pleinement soi-même, sans crainte du jugement ou du rejet. Ces liens de confiance sont les pierres angulaires d'une intimité sincère et profonde avec les autres, offrant une proximité émotionnelle qui nourrit l'âme et nourrit le cœur.

Ainsi, la communication émotionnelle se révèle être un trésor précieux dans l'arsenal de tout être humain en quête de relations épanouissantes et significatives. À travers elle, nous découvrons la puissance des mots porteurs de sens, des gestes empreints d'affection, des mimiques exprimant notre intériorité, et des tonalités de voix vibrantes d'émotion. Ensemble, ils tissent un langage subtil qui transcende les frontières du temps et de l'espace, reliant nos cœurs et nos esprits dans une danse intime et harmonieuse.

Alors, accueillons avec bienveillance cette pratique de la communication émotionnelle dans nos vies, en cultivant la conscience et l'écoute profonde de nos propres émotions ainsi que celles des autres.

Par ce don précieux de l'expression émotionnelle, nous édifions des ponts lumineux entre nos âmes, façonnant ainsi un monde où l'amour, la compréhension et l'acceptation mutuelle sont les fils conducteurs de chaque interaction humaine.

Dans le vaste jardin des relations humaines, la communication émotionnelle émerge comme une fleur délicate, nécessitant un sol fertile composé de confiance, de bienveillance, d'écoute active et de respect. Comme un jardinier attentionné, nous devons cultiver ces qualités pour permettre à cette précieuse fleur de s'épanouir pleinement et d'embellir notre vie et celle des autres.

Tout d'abord, il est essentiel de comprendre que la communication émotionnelle est une danse subtile qui requiert la confiance mutuelle. Lorsque nous exprimons nos émotions avec vulnérabilité, nous offrons un cadeau précieux à notre interlocuteur, l'invitant à partager un espace d'intimité émotionnelle. Cependant, cette vulnérabilité peut être fragile, c'est pourquoi il est primordial d'instaurer un climat de confiance pour qu'elle puisse s'épanouir sans crainte.

En parallèle, la bienveillance joue le rôle d'un doux zéphyr qui caresse cette fleur délicate. En choisissant nos mots avec compassion et notre intention avec amour, nous créons un environnement où nos émotions peuvent être accueillies avec empathie. Cela nous permet de nous sentir en sécurité pour ouvrir les portes de notre cœur et libérer nos émotions sans retenue.

L'écoute active est une clé essentielle pour comprendre le langage subtil des émotions. Lorsque nous prêtons une oreille attentive à l'expression émotionnelle de l'autre, nous honorons sa réalité intérieure et nous élevons le lien qui nous unit. En écoutant sincèrement et sans jugement, nous créons un espace sacré où les émotions peuvent être déployées sans entraves.

Respecter les limites et les besoins de l'autre est une délicate étape dans cette danse. Nous devons reconnaître que chacun possède son propre rythme pour exprimer ses émotions. Ainsi, demander le consentement de l'autre avant de partager nos sentiments ou respecter son refus de discuter de certaines émotions est un geste empreint de respect et de considération pour son intégrité.

L'art de la communication émotionnelle ne se limite pas aux mots seuls, mais s'étend aux expressions non verbales qui portent une richesse d'informations. Les gestes, les mimiques, les tonalités de voix et les expressions du corps peuvent parfois transmettre davantage que les mots eux-mêmes. En étant conscients de ces expressions subtiles, nous enrichissons notre compréhension mutuelle et déchiffrons les messages non dits qui peuplent notre interaction.

Tout comme un jardinier recherche les meilleures pratiques pour prendre soin de ses plantes, nous avons à notre disposition une multitude de ressources pour nourrir notre capacité à communiquer émotionnellement. Livres, articles, vidéos, cours ou ateliers sont autant d'outils qui nous guident sur ce chemin d'apprentissage. Mais surtout, l'aide d'un professionnel de la santé mentale ou d'un enseignant en communication peut être un véritable phare dans cette exploration de soi et des autres.

Il est nécessaire de trouver la méthode qui nous convient le mieux et de l'intégrer dans notre quotidien avec persévérance. À force de pratique et d'attention, nous pouvons améliorer notre communication émotionnelle et ainsi renforcer notre bien-être émotionnel.

L'expression émotionnelle est un langage sacré qui unit nos cœurs et nos esprits. À travers lui, nous construisons des ponts solides vers une connexion authentique avec autrui. La communication émotionnelle nous permet de transcender les barrières et les différences pour créer un monde empreint d'amour, d'harmonie et de compréhension mutuelle.

Alors, chers jardiniers de l'âme, cultivons avec amour et dévotion la communication émotionnelle dans nos vies. Offrons à cette fleur délicate les soins nécessaires pour qu'elle éclaire notre existence de sa beauté rayonnante. À chaque pas dans cette danse, enrichissons notre expérience des autres et de nous-mêmes, tissant ainsi un tapis de relations humaines empreintes d'authenticité et de compassion. Que cette pratique nous guide vers une communion sincère avec le monde qui nous entoure, faisant de chaque instant un poème vivant de communication émotionnelle.

Expression des émotions

Exprimer nos émotions est un art délicat qui nous ouvre les portes d'une connexion authentique avec nous-mêmes et les autres. Tel un voyageur explorant les méandres de notre monde intérieur, nous pouvons apprendre à mieux nous connaître et à mieux gérer nos émotions grâce à quelques conseils simples et puissants.

Le premier pas de cette exploration est d'identifier nos émotions. Prendre le temps de nommer et de reconnaître ces états intérieurs est une étape fondamentale pour mieux les comprendre et les apprivoiser. En utilisant des mots simples et précis, comme triste, en colère, heureux, anxieux, nous nous offrons une boussole qui nous guide vers une meilleure connaissance de nous-mêmes.

Lorsque nos émotions sont intenses, il est sage de nous accorder un moment pour nous calmer avant d'exprimer ce que nous ressentons. Respirer profondément, prendre une pause, se promener ou s'adonner à une activité relaxante est autant de pratiques qui nous permettent de retrouver notre équilibre intérieur. En retrouvant notre sérénité, nous pouvons aborder la communication de nos émotions avec une plus grande clarté et une meilleure présence d'esprit.

Une fois apaisés, il est important que nous utilisions des phrases complètes pour exprimer nos émotions. Plutôt que de se limiter à des déclarations brèves et abruptes, telles que « tu me rends fou ! », nous pouvons opter pour une approche plus constructive et nuancée. Par exemple, dire « je me sens frustré et en colère lorsque tu agis ainsi, car cela me met en difficulté » permet d'exprimer nos émotions et nos besoins de manière plus complète et compréhensible pour l'autre.

Au cœur de cette expression se trouvent notre authenticité et notre vulnérabilité. Être vrai et transparent lorsque nous parlons de nos émotions nous permet de nous connecter profondément avec les autres. En osant montrer notre vulnérabilité, nous créons un espace intime où la confiance peut fleurir, nourrissant ainsi des liens solides et durables avec ceux qui nous entourent.

Dans cette danse émotionnelle, l'écoute de l'autre joue un rôle primordial. Lorsque nous écoutons attentivement, sans jugement ni intrusion, nous témoignons du respect envers les émotions de l'autre. Nous sommes présents pour comprendre son point de vue, ses ressentis et ses besoins. Dans cette écoute bienveillante, nous déployons les ailes de la compréhension mutuelle, renforçant ainsi notre connexion humaine.

Enfin, gardons en mémoire que l'expression de nos émotions requiert des fondations solides. La confiance, la bienveillance, l'écoute active et le respect sont autant de piliers essentiels qui soutiennent cette communication émotionnelle. En nourrissant ces qualités en nous-mêmes et dans nos relations, nous cultivons un terreau propice à l'épanouissement de nos émotions.

Si toutefois nous ressentons le besoin d'explorer davantage cette expression émotionnelle, il est judicieux de faire appel à un professionnel de la santé mentale ou à un enseignant en communication. Leur accompagnement bienveillant peut nous guider vers une expression saine et adaptée de nos émotions, renforçant ainsi notre bien-être émotionnel et nos relations.

Dans cette aventure intérieure, gardons en tête que la communication émotionnelle est une clé magique qui ouvre les portes de la compréhension et de la connexion profondes. Elle nous invite à danser avec nos émotions, à les accueillir avec bienveillance et à les partager avec authenticité. En cultivant cet art délicat, nous donnons naissance à une symphonie émotionnelle qui emplira nos cœurs de joie et d'harmonie, et éclairera notre chemin vers des relations épanouissantes et équilibrées.

Études de cas

Dans l'univers des études de cas et des cas concrets, nous sommes invités à explorer les parcours de Marie et Thomas, deux êtres en quête d'une meilleure communication émotionnelle. Telles des énigmes à résoudre, ces histoires nous offrent un aperçu des défis et des découvertes qui émaillent leur chemin vers l'épanouissement émotionnel.

Commençons par Marie, une jeune femme de 25 ans qui a grandi dans un environnement où les émotions étaient reléguées au second plan. Elle a intériorisé cette croyance qu'être forte et autonome signifiait cacher ses émotions et ne pas en parler. Cependant, cette habitude de silence émotionnel la prive d'une authentique connexion avec elle-même et avec les autres.

Un jour, une dispute avec son copain révèle la fragilité de ses fondations émotionnelles. Incapable d'exprimer ce qu'elle ressent, elle évite le conflit en répondant par un simple « ça va », laissant ainsi ses émotions en suspens et son cœur frustré et triste. Consciente de ce blocage émotionnel, Marie décide de s'engager dans un voyage intérieur en consultant un thérapeute.

Avec l'accompagnement bienveillant du thérapeute, Marie apprend à briser les chaînes de ses émotions enfouies. Elle découvre l'importance d'identifier et de nommer ses émotions pour mieux les comprendre et les gérer. Guidée par son courage, elle s'ouvre à une expression authentique et respectueuse de ses émotions. En parallèle, elle apprend à écouter les émotions et les besoins de son copain, créant ainsi un terrain fertile pour une communication émotionnelle épanouissante.

Progressivement, les fruits de son travail se révèlent. Marie se sent de plus en plus à l'aise pour exprimer ses émotions, transcendant la peur du jugement. Elle découvre le pouvoir libérateur de partager ses sentiments avec bienveillance. La communication émotionnelle devient pour elle un art qui forge des liens de confiance et d'intimité profonds dans ses relations.

De l'autre côté du miroir, nous rencontrons Thomas, un jeune homme de 22 ans qui partage un chemin similaire avec Marie. Depuis toujours, il a éprouvé des difficultés à se confier et à exprimer ses émotions, même envers ses proches. Cette rétention émotionnelle l'enferme dans une solitude intérieure qui limite son épanouissement émotionnel.

Dans le cheminement de Thomas, nous découvrons le portrait d'un jeune homme en quête d'une connexion émotionnelle plus profonde avec lui-même et avec les autres. À l'aube de ses 22 ans, il porte le fardeau d'un mutisme émotionnel qui a perduré dans ses relations avec sa famille et ses amis.

Un événement clé se produit lorsqu'une dispute éclate avec son ami. Incapable d'exprimer ce qu'il ressent, Thomas se retrouve dans l'impasse du silence et de l'évasion, se contentant de répondre par un bref « ça va » avant de s'éloigner. Ce geste laisse son ami déconcerté et triste, dévoilant ainsi le fossé émotionnel qui le sépare des autres.

Conscient de cette difficulté à exprimer ses émotions, Thomas fait le choix de se tourner vers l'apprentissage de la communication émotionnelle en suivant des cours spécifiques. Ce voyage intérieur lui permet d'explorer en profondeur ses blocages émotionnels et de comprendre les raisons de sa réticence à partager ses sentiments.

Guidé par son enseignant, Thomas se familiarise avec l'art d'identifier et de nommer ses émotions. Il réalise qu'il avait souvent du mal à reconnaître ce qu'il ressentait, ce qui le conduisait à garder tout en lui. Cette nouvelle prise de conscience lui ouvre la voie vers une expression émotionnelle authentique et respectueuse.

Au fil des séances, Thomas apprend à écouter les émotions et les besoins de son ami avec une oreille attentive. Cette capacité à accueillir les émotions de l'autre crée un terrain propice à une compréhension mutuelle, renforçant ainsi leur relation.

Parallèlement, il explore les mécanismes pour mieux gérer ses propres émotions, que ce soit la tristesse, la colère ou l'anxiété. Il prend conscience que demander de l'aide lorsqu'il en a besoin est une marque de force et de vulnérabilité, et non de faiblesse.

Avec le temps et la pratique, Thomas surmonte peu à peu ses peurs et ses inhibitions. Il se sent de plus en plus à l'aise pour exprimer ses émotions, créant ainsi un pont émotionnel entre lui et les autres. Il comprend que la communication émotionnelle est une compétence fondamentale pour tisser des liens de confiance et d'intimité avec autrui.

En embrassant cette nouvelle capacité à communiquer ses émotions, Thomas réalise que cela lui ouvre des portes insoupçonnées dans ses relations. Il constate que la communication émotionnelle est un langage subtil qui transcende les mots, tissant des liens de compréhension profonde avec ceux qui l'entourent.

Dans ce voyage intérieur, Thomas s'épanouit comme un jardinier qui cultive ses fleurs émotionnelles avec amour et dévotion. À chaque pas sur ce chemin, il nourrit sa capacité à exprimer ses émotions avec courage et bienveillance, enrichissant ainsi ses relations d'une harmonie précieuse.

Que cette histoire de transformation nous rappelle l'importance de la communication émotionnelle dans nos vies. En écoutant nos émotions avec bienveillance et en les partageant avec authenticité, nous créons des liens solides et durables avec les autres, tissant ainsi un tapis d'interactions épanouissantes et profondément humaines. Puissions-nous, comme Thomas, embrasser cette quête émotionnelle avec courage et ouverture de cœur, illuminant notre chemin de relations enrichissantes et authentiques.

Au cœur de ces histoires, nous entrevoyons la puissance transformatrice de la communication émotionnelle. À travers les épreuves et les enseignements, Marie et Thomas ont découvert le chemin vers une connexion émotionnelle authentique avec eux-mêmes et avec les autres. Telles des graines plantées dans un sol fertile, ils ont cultivé leur capacité à exprimer leurs émotions avec courage et bienveillance, enrichissant ainsi leurs relations d'une harmonie précieuse.

Que ces récits inspirants nous rappellent que la communication émotionnelle est une clé magique qui ouvre les portes de la compréhension mutuelle et de l'amour inconditionnel. En cultivant cette pratique dans nos vies, nous tissons un réseau d'interactions empreintes de vérité et de compassion, faisant de chaque instant une danse émotionnelle harmonieuse et épanouissante.

Études de cas de la vie moderne

Dans l'univers moderne, les études de cas révèlent les défis émotionnels auxquels font face des individus comme Julie et Paul. Deux êtres immergés dans le tourbillon trépidant de la vie active, ils ont tendance à reléguer leurs besoins émotionnels au second plan. Ces récits mettent en lumière l'importance de la gestion du bien-être émotionnel dans un monde en perpétuelle évolution.

Commençons par Julie, une jeune femme de 28 ans, dévouée à son rôle de responsable de projet au sein d'une entreprise. Sa passion pour le travail l'absorbe au point de négliger ses besoins émotionnels et de mettre de côté ses émotions. Mais un jour, le stress et l'anxiété l'assaillent, et Julie réalise qu'elle ne peut plus ignorer ses émotions.

Déterminée à prendre soin de son bien-être émotionnel, elle entame un voyage de transformation en consultant un thérapeute. Guidée par son accompagnateur bienveillant, Julie apprend à reconnaître et à nommer ses émotions, un premier pas essentiel vers la compréhension de son monde intérieur. Elle découvre l'importance de les exprimer de manière appropriée et de les gérer sainement.

En parallèle, Julie s'efforce de trouver un équilibre entre son travail et sa vie personnelle. Elle comprend l'importance de se ressourcer et de prendre soin d'elle-même pour préserver son bien-être émotionnel. Au fil du temps, elle gagne en confiance pour affronter ses émotions, réalisant que leur prise en compte est essentielle pour être heureuse et performante tant au travail que dans sa vie personnelle.

Dans un autre contexte de vie moderne, nous rencontrons Paul, un jeune homme de 26 ans, passionné de développement informatique dans une start-up. Comme Julie, il est immergé dans son travail, au détriment de ses besoins émotionnels. Lorsque le stress et l'anxiété l'accablent, Paul prend conscience de la nécessité d'apprendre à gérer son bien-être émotionnel.

Guidé par un enseignant spécialisé, Paul s'engage dans un apprentissage de la gestion du stress et du bien-être émotionnel. Il apprend à identifier et à nommer ses émotions, bravant ainsi le défi de se connecter avec ses sentiments intérieurs. Il comprend l'importance d'exprimer ses émotions de manière adaptée et de les gérer de manière saine.

Tout comme Julie, Paul s'attache à trouver un équilibre entre travail et vie personnelle. Il prend conscience qu'en prenant soin de lui-même, il renforce son bien-être émotionnel, ce qui contribue à sa performance tant dans le milieu professionnel que dans sa vie personnelle.

Ces deux études de cas soulignent que la gestion du bien-être émotionnel est une compétence cruciale dans le monde moderne. Elle impacte tous les aspects de la vie, qu'il s'agisse du travail, des relations, des loisirs ou de la sphère personnelle. Elle est une compétence qui peut être développée et améliorée avec l'aide d'un professionnel de la santé mentale ou d'un enseignant qualifié.

La gestion du bien-être émotionnel est un voyage d'exploration intérieure, une quête qui nous enseigne à être conscients de nos émotions, à les accueillir sans jugement et à les gérer de manière éclairée. En cultivant cette compétence, nous devenons des artisans de notre propre bien-être émotionnel, créant un équilibre harmonieux entre les exigences de la vie moderne et notre besoin fondamental de prendre soin de nous-mêmes. Puissions-nous, comme Julie et Paul, embrasser cette quête émotionnelle avec sagesse et bienveillance, faisant ainsi de notre vie moderne une symphonie émotionnelle épanouissante et gratifiante.

Comprendre les émotions des autres

Comprendre les émotions des autres est un pilier essentiel dans l'art de communiquer et d'établir des connexions significatives avec notre entourage. C'est un voyage subtil vers une meilleure compréhension de nos semblables, enrichissant nos interactions d'une profondeur et d'une authenticité inestimables. Dans cette quête, quelques éléments essentiels nous guident vers une appréhension plus subtile et bienveillante des émotions d'autrui.

Premièrement, observons les signes physiques qui témoignent des émotions d'une personne. Les émotions s'expriment souvent à travers des variations corporelles telles que la respiration, le rythme cardiaque, la posture, le ton de voix, ou encore les expressions faciales. Une observation attentive de ces indices subtils peut nous éclairer sur ce que l'autre ressent profondément.

Deuxièmement, le pouvoir de la communication réside dans la bienveillance et l'écoute active. Osons demander à l'autre comment il ou elle se sent et quelle est la raison de cette émotion. À travers cette démarche empreinte de considération, nous créons un espace d'ouverture propice à une compréhension mutuelle et à une connexion émotionnelle.

Troisièmement, la faculté de se mettre à la place de l'autre est un outil puissant pour appréhender les émotions qui habitent son être. En nous projetant dans ses chaussures, nous cultivons l'empathie et nous accédons à une compréhension plus intime de ce que l'autre traverse émotionnellement.

Enfin, être à l'écoute de notre propre ressenti nous ouvre les portes d'une meilleure compréhension des émotions d'autrui. En établissant une connexion intérieure avec nos propres émotions, nous créons un pont émotionnel qui nous rapproche des expériences émotionnelles de notre entourage.

Il est essentiel de souligner que comprendre les émotions d'autrui ne revient pas à nécessairement les endosser ou les cautionner. Au contraire, il s'agit de les accueillir et de les respecter dans toute leur complexité et leur diversité. En embrassant cette approche respectueuse, nous tissons des liens de confiance et d'intimité, et nous favorisons une communication harmonieuse et profonde avec les autres.

Cependant, cet art de comprendre les émotions des autres est un apprentissage subtil qui demande du temps et de la pratique. Il n'existe pas de formule magique, mais plutôt une invitation à cultiver notre capacité d'écoute bienveillante et notre sensibilité émotionnelle.

En somme, la compréhension des émotions d'autrui est une compétence essentielle dans notre cheminement personnel et relationnel. En accordant une attention particulière aux signes physiques, en favorisant la communication empathique et en écoutant notre propre ressenti, nous enrichissons notre vie de liens humains profonds et authentiques. Puissions-nous, dans cette quête émotionnelle, faire preuve de compassion envers nous-mêmes et envers les autres, tissant ainsi un réseau d'interactions nourrissant et épanouissant dans notre vie moderne.

Études de cas

Exemple d'étude de cas d'un psychanalyste :

Marie est une psychanalyste de 35 ans, exerçant dans un cabinet de psychothérapie. Formée en psychanalyse, elle possède une grande expérience dans l'accompagnement des personnes en souffrance émotionnelle.

Un jour, une nouvelle patiente nommée Éva, âgée de 28 ans, consulte Marie pour des problèmes de dépression et d'anxiété. Éva éprouve des difficultés à identifier et exprimer ses émotions, et cela semble affecter sa capacité à gérer sa vie.

Avec la bienveillance de Marie, Éva entreprend un parcours thérapeutique enrichissant. Grâce à ce travail introspectif, Éva apprend progressivement à identifier ses émotions, à les nommer et à les gérer de manière saine et adaptée. En prenant soin d'elle-même, Éva parvient à retrouver l'équilibre émotionnel nécessaire pour se sentir plus heureuse et en harmonie avec elle-même.

Exemple d'étude de cas d'un lycéen :

Thomas, un lycéen de 16 ans, fait face à des difficultés dans la gestion de ses émotions. Il a tendance à s'isoler et à garder pour lui ce qu'il ressent, ce qui altère sa concentration en classe.

Un jour, Thomas décide de se confier à Mme Dupont, son enseignante de soutien scolaire. Celle-ci, dans un esprit d'écoute bienveillante, propose à Thomas de l'aider à mieux comprendre et gérer ses émotions.

Grâce à l'accompagnement de Mme Dupont, Thomas apprend à identifier et à exprimer ses émotions de manière adaptée. Il découvre comment prendre soin de lui-même en équilibrant ses besoins émotionnels. Peu à peu, il parvient à améliorer son bien-être émotionnel, ce qui a un impact positif sur sa réussite scolaire et sa vie quotidienne.

Exemple d'étude de cas d'un enseignant :

Mme Dupont, enseignante de soutien scolaire de 30 ans, est profondément investie dans l'aide aux élèves en difficulté. Formée en gestion du bien-être émotionnel, elle se sent habilitée à soutenir ses élèves.

Lorsque Thomas, un lycéen introverti, rejoint sa classe, Mme Dupont remarque rapidement ses difficultés émotionnelles. Elle décide alors de mettre en place un programme spécifique de gestion du bien-être émotionnel pour l'aider.

Avec l'enseignement attentif de Mme Dupont, Thomas apprend à identifier ses émotions, à les nommer, et à les gérer sainement. Grâce à cette approche, il développe un nouvel équilibre émotionnel qui se reflète positivement dans son apprentissage et sa relation avec les autres élèves.

Mme Dupont est enchantée de constater les progrès de Thomas et est fière d'avoir pu l'aider à mieux gérer ses émotions. Elle réalise combien la prise en compte du bien-être émotionnel est essentielle pour favoriser un environnement scolaire propice à l'apprentissage.

Exemple d'étude de cas d'un vendeur :

Jean, un vendeur passionné de 35 ans travaillant dans une enseigne de sport, se distingue par sa capacité à aider les clients à trouver le produit parfaitement adapté à leurs besoins.

Un jour, Jean fait face à un client difficile, M. Martin, visiblement frustré et exigeant. Au lieu de se laisser décontenancer, Jean choisit d'appliquer une stratégie de gestion des émotions pour mieux comprendre les besoins de M. Martin et l'aider.

En écoutant attentivement M. Martin, Jean identifie les émotions sous-jacentes à sa frustration et lui propose des alternatives pour répondre à ses besoins. Grâce à cette approche bienveillante, M. Martin se détend progressivement et parvient à exprimer ses besoins de manière constructive.

Jean est ravi d'avoir pu aider M. Martin à mieux gérer ses émotions et à trouver ce qu'il recherchait. Il réalise combien la compétence de gestion des émotions est précieuse dans son travail de vendeur et comment elle peut améliorer l'expérience d'achat de ses clients.

Dans ces études de cas, nous constatons l'importance cruciale de la gestion émotionnelle dans tous les aspects de la vie. Comprendre et maîtriser nos émotions nous permet de mieux interagir avec les autres, de favoriser des relations harmonieuses, et de favoriser notre épanouissement personnel et professionnel. La conscience émotionnelle est une compétence essentielle qui peut être développée et perfectionnée avec la pratique, ouvrant ainsi la voie à une vie plus épanouie et équilibrée.

Ces récits réels permettent de mettre en lumière les différentes facettes de la gestion des émotions et de montrer comment elles s'appliquent dans la vie quotidienne. En examinant les études de cas des personnages tels que Marie, Éva, Thomas, Mme Dupont, Jean et M. Martin, nous pouvons explorer comment la gestion des émotions peut influencer notre bien-être émotionnel et nos interactions avec les autres.

Dans l'étude de cas du psychanalyste, l'histoire de Marie illustre l'importance de rechercher une aide professionnelle pour comprendre et gérer ses émotions. Elle montre comment la psychanalyse a bénéficié à Éva, lui permettant de mieux gérer ses émotions et de retrouver son bien-être émotionnel. Cet exemple démontre que l'accompagnement d'un expert peut être un puissant catalyseur pour améliorer notre bien-être émotionnel.

En ce qui concerne l'étude de cas du lycéen, Thomas incarne les difficultés que peuvent rencontrer les jeunes adultes dans la gestion de leurs émotions. Son histoire révèle l'importance de l'aide scolaire, représentée par Mme Dupont, pour mieux comprendre et gérer son bien-être émotionnel. Cette étude de cas souligne le rôle crucial que peut jouer l'éducation dans le développement des compétences émotionnelles chez les jeunes adultes.

Le cas de Mme Dupont, l'enseignante de soutien scolaire, est également révélateur. Son expérience et sa formation en gestion du bien-être émotionnel lui ont permis d'aider Thomas à améliorer son bien-être émotionnel. Cette étude de cas souligne l'importance de la formation et de l'expérience pour les professionnels qui souhaitent guider les jeunes adultes vers une meilleure compréhension de leurs émotions.

Dans l'étude de cas du vendeur, Jean, nous découvrons comment la gestion des émotions peut jouer un rôle déterminant dans le milieu professionnel. Son approche bienveillante avec M. Martin montre comment la compréhension des émotions des clients peut les aider à mieux satisfaire leurs besoins. Cette histoire démontre que la gestion des émotions est essentielle pour établir des relations solides avec les clients et pour résoudre des situations délicates.

Ces études de cas offrent une perspective concrète sur la façon dont la gestion des émotions peut influencer nos vies. Elles mettent en évidence les avantages de développer cette compétence essentielle pour les jeunes adultes. Dans un livre sur le bien-être émotionnel destiné à ce public, ces exemples réels peuvent servir d'inspiration et de motivation pour amener les lecteurs à se pencher sur leur propre bien-être émotionnel.

En utilisant ces études de cas comme exemples, le livre peut montrer aux jeunes adultes comment la gestion des émotions peut être appliquée dans différents domaines de leur vie. Cela peut les encourager à se poser des questions sur leur propre bien-être émotionnel et les pousser à entreprendre un voyage vers une meilleure compréhension et gestion de leurs émotions.

Finalement, ces études de cas témoignent de la pertinence de la gestion des émotions dans divers contextes de vie. Elles renforcent le message que prendre soin de son bien-être émotionnel est essentiel pour mener une vie épanouissante, équilibrée et harmonieuse. L'art de comprendre et de gérer nos émotions est une compétence précieuse qui peut transformer notre expérience de la vie et enrichir nos relations avec les autres. En cultivant cette compétence, les jeunes adultes peuvent évoluer vers une version plus épanouissante et éclairée d'eux-mêmes.

Gérer le stress et l'anxiété

Cher lecteur, la période de jeunesse est une phase charnière de la vie où l'on est confronté à de nombreux défis et responsabilités. Le stress et l'anxiété font partie intégrante de cette étape, et il est essentiel de savoir comment les gérer pour préserver notre bien-être émotionnel et mental. Dans cet ouvrage, nous explorerons ensemble des conseils et des exercices pratiques, empruntant à la sagesse millénaire du développement personnel, pour aider les jeunes adultes à mieux appréhender et gérer ces émotions communes.

1. **La Respiration profonde pour calmer l'esprit :** l'un des moyens les plus simples et les plus puissants pour apaiser le stress et l'anxiété est la respiration profonde. En prenant conscience de notre souffle et en pratiquant des respirations profondes et régulières, nous pouvons activer notre système nerveux parasympathique, responsable de la relaxation. Prenez quelques instants chaque jour pour vous isoler, fermez les yeux, et respirez profondément en comptant lentement jusqu'à quatre à l'inspiration, puis expirez également sur quatre temps. Cette pratique simple, mais efficace peut vous aider à retrouver un état de calme intérieur.
2. **La Méditation pour cultiver la sérénité :** la méditation est un trésor de la sagesse ancienne, offrant une porte d'entrée vers une paix intérieure profonde. Accordez-vous quotidiennement quelques minutes pour méditer, en vous concentrant sur votre respiration ou en utilisant un mantra apaisant. Lorsque des pensées stressantes surgissent, observez-les sans jugement et laissez-les s'évanouir doucement. Avec la

pratique régulière de la méditation, vous développerez une meilleure capacité à faire face au stress et à l'anxiété tout en favorisant un état d'esprit positif.

3. **La Visualisation pour créer des futurs positifs :** la visualisation est une technique puissante pour programmer notre esprit en direction d'un avenir positif. Prenez le temps de vous asseoir confortablement, fermez les yeux, et imaginez-vous accomplissant avec succès vos objectifs et surmontant les défis. Visualisez-vous épanoui(e) et confiant(e), ressentant les émotions positives associées à ces moments. Cette pratique régulière de visualisation renforcera votre estime de soi et réduira les sentiments d'anxiété face à l'inconnu.
4. **L'Exercice physique pour libérer les tensions :** l'activité physique est un allié précieux dans la gestion du stress et de l'anxiété. Que ce soit la marche, la course, le yoga, ou toute autre activité que vous aimez, l'exercice libère des endorphines, les fameuses hormones du bonheur. Une séance d'exercice régulière vous aidera à réduire la tension, à évacuer les émotions négatives, et à améliorer votre bien-être global.
5. **La Pratique de la pleine conscience pour être dans l'instant présent :** être pleinement conscient de l'instant présent est une compétence précieuse pour gérer le stress et l'anxiété. Portez attention à ce que vous faites et à ce que vous ressentez sans jugement. Mangez en pleine conscience, savourez chaque bouchée, soyez attentif à votre corps et à vos sensations. Lorsque vous êtes conscient(e) du moment présent, vous éviterez de vous perdre dans des pensées anxieuses concernant le futur ou le passé.
6. **L'Importance du sommeil réparateur :** le sommeil joue un rôle primordial dans notre bien-être émotionnel. Assurez-vous d'avoir une routine de sommeil régulière et d'accorder à votre corps le repos dont il a besoin. Évitez les écrans avant de

dormir, créez un environnement propice au sommeil dans votre chambre, et accordez-vous des moments de détente avant de vous coucher. Un sommeil réparateur vous permettra de faire face aux défis du quotidien avec plus de clarté et de résilience.

7. **La Communication émotionnelle pour partager ses sentiments :** apprendre à communiquer de manière saine et authentique ses émotions est un élément clé dans la gestion du stress et de l'anxiété. Partagez vos sentiments avec des amis proches, des membres de votre famille ou un professionnel de la santé mentale. Exprimer ce que vous ressentez vous libérera d'un poids émotionnel et vous permettra de bénéficier du soutien et de la compréhension des autres.

Chers lecteurs, dans notre exploration du bien-être émotionnel, il est essentiel de disposer d'outils pratiques pour gérer le stress et l'anxiété, deux émotions courantes chez les jeunes adultes. Voici quelques idées d'exercices pratiques qui pourraient vous être utiles dans votre quête d'équilibre émotionnel.

Prendre un bain chaud ou une douche chaude :

L'eau chaude a un pouvoir apaisant sur le corps et l'esprit. Prendre un bain chaud ou une douche chaude peut aider à détendre les muscles tendus et à calmer l'esprit agité. Pour un effet encore plus relaxant, ajoutez quelques gouttes d'huile essentielle de lavande ou de camomille à votre bain. Vous pouvez faire de ce rituel une habitude avant de vous coucher pour favoriser un sommeil réparateur et serein.

S'adonner à une activité créative ou artistique :

La créativité et l'art offrent un moyen puissant de s'exprimer et de libérer ses émotions. Essayez de vous lancer dans une activité créative qui vous passionne, comme la peinture, la musique, l'écriture, la danse, ou toute autre forme d'expression artistique. Laissez votre imagination s'épanouir sans jugement ni contrainte, et ressentez le bien-être que cela procure.

Prendre soin de soi :

Prendre soin de soi est un geste essentiel pour maintenir un équilibre émotionnel. Accordez-vous du temps pour vous détendre et pour faire des activités qui vous apportent du plaisir et du réconfort. Vous pouvez opter pour un massage relaxant, une séance de manucure, la lecture d'un livre captivant, ou encore le visionnage d'un film qui vous inspire. Ces moments de bien-être contribueront à apaiser votre esprit et à renforcer votre résilience face au stress.

S'investir dans le volontariat ou l'aide aux autres :

Faire du bénévolat ou aider les autres est une expérience enrichissante qui nourrit l'âme et allège le fardeau du stress et de l'anxiété. Cherchez des opportunités de vous engager dans des projets de bénévolat ou de rendre service à votre communauté. Prendre soin des autres favorise un sentiment de connexion et de solidarité, qui peut être réconfortant et gratifiant pour votre bien-être émotionnel.

Souvenez-vous que chaque individu est unique, et ce qui fonctionne pour l'un peut ne pas convenir à l'autre. Expérimentez différentes techniques et trouvez celles qui vous conviennent le mieux. Vous pouvez combiner ces exercices avec d'autres pratiques bénéfiques pour le bien-être émotionnel, comme la méditation, l'exercice physique régulier, ou le maintien d'un journal intime.

N'oubliez pas que la clé de la gestion du stress et de l'anxiété réside également dans la pratique de la bienveillance envers vous-même. Soyez patient et compréhensif envers vos propres limites, et rappelez-vous que chacun a le droit de ressentir et de vivre ses émotions.

J'espère sincèrement que ces idées d'exercices pratiques vous ont été utiles et vous ont inspiré dans votre recherche de bien-être émotionnel. Que votre quête de sérénité et de paix intérieure vous guide vers une vie épanouissante et harmonieuse. N'hésitez pas à explorer davantage et à poser des questions pour enrichir votre cheminement vers une attitude positive et optimiste. Vous avez en vous le pouvoir de cultiver un bien-être émotionnel épanoui, empli de compassion envers vous-même et envers les autres. Bon voyage vers l'épanouissement de votre être tout entier !

Chers amis jeunes adultes, en intégrant ces conseils et exercices pratiques dans votre vie quotidienne, vous développerez une nouvelle capacité à gérer le stress et l'anxiété. Laissez-vous guider par ces pratiques bienfaisantes et progressivement, vous constaterez les changements positifs dans votre bien-être émotionnel. Prenez soin de vous, soyez bienveillant(e) envers vous-même et rappelez-vous que vous avez en vous la force nécessaire pour faire face aux défis de la vie avec sérénité et épanouissement. Bon voyage vers un bien-être émotionnel éclairé !

Développer l'empathie et la compassion

Chers lecteurs, dans notre quête de bien-être émotionnel et de croissance personnelle, il est essentiel de cultiver des qualités profondément humaines telles que l'empathie et la compassion. Ces vertus jouent un rôle clé dans nos relations, non seulement envers les autres, mais aussi envers nous-mêmes. Dans cet ouvrage, nous allons explorer ensemble des conseils et des exercices pratiques inspirés de la sagesse du développement personnel, afin d'aider les jeunes adultes à développer leur empathie et leur compassion, et ainsi favoriser leur bien-être émotionnel.

1. **L'Empathie :** l'empathie consiste à ressentir et à comprendre les émotions des autres sans jugement. Elle nous permet de créer des liens authentiques avec les personnes qui nous entourent. Pour développer l'empathie, portez attention aux signaux non verbaux, écoutez activement lorsque quelqu'un partage ses sentiments, et essayez de vous mettre à la place de l'autre en imaginant ce qu'il ou elle peut ressentir. Pratiquez régulièrement cette écoute attentive pour renforcer votre

capacité à vous connecter émotionnellement aux autres.

2. **La Compassion :** être bienveillant envers soi-même et les autres. La compassion est l'essence de l'amour inconditionnel envers nous-mêmes et les autres. Cela signifie être bienveillant envers soi-même dans les moments de difficulté, mais aussi être compréhensif envers les autres lorsqu'ils font face à des défis. Prenez conscience de votre dialogue intérieur et remplacez les critiques par des paroles de soutien et d'amour. Pratiquez également la bienveillance envers les autres en étant présent pour eux dans les moments de besoin, sans jugement ni attente.
3. **L'Écoute active** : un Cadeau précieux pour les autres. Pratiquer l'écoute active est un acte de générosité envers les autres. Lorsque quelqu'un partage ses émotions, accordez-lui votre attention pleine et entière. Écoutez sans interrompre, sans chercher à donner des solutions, mais simplement pour comprendre ce que l'autre exprime. L'écoute active crée un espace sécurisant où les personnes se sentent entendues et comprises, favorisant ainsi un lien émotionnel plus profond.
4. **La Communication empathique :** exprimer ses sentiments authentiques. La communication empathique consiste à exprimer ses sentiments et ses besoins de manière respectueuse et honnête, tout en tenant compte des émotions des autres. Pratiquez l'expression de vos émotions sans blâmer ni critiquer les autres, mais en utilisant le « je » plutôt que le « tu ». Par exemple, dites « Je me sens triste lorsque... » plutôt que « Tu me rends triste quand ? » Cette approche favorise une communication ouverte et respectueuse, créant un environnement propice à l'empathie.
5. **La Pratique de la méditation de la compassion :** la méditation de la compassion est un exercice puissant pour développer notre bienveillance envers nous-mêmes et les

autres. Asseyez-vous confortablement, fermez les yeux et commencez par vous envoyer des pensées d'amour et de bienveillance. Ensuite, élargissez votre compassion en imaginant les personnes que vous aimez, puis les étrangers, et enfin, les personnes avec lesquelles vous avez des conflits. Envoyez-leur tous des pensées de compassion et de paix. Cette méditation régulière vous permettra d'ouvrir votre cœur et de cultiver la compassion envers tous les êtres.

6. **Pratiquer l'autocompassion envers soi-même :** soyez doux avec vous-même lorsque vous faites face à des difficultés. Apprenez à vous pardonner pour vos erreurs et vos imperfections, car personne n'est parfait. Traitez-vous avec la même bienveillance que vous le feriez pour un ami cher. En développant l'autocompassion, vous renforcerez votre résilience émotionnelle et vous serez plus à même de faire face aux défis de la vie avec calme et sérénité.
7. **Participer à des activités de volontariat :** engager votre empathie et votre compassion dans des actions concrètes peut être extrêmement gratifiant. Rejoignez des projets de bénévolat ou des actions caritatives qui soutiennent des causes qui vous tiennent à cœur. En apportant votre aide aux autres, vous vivrez une connexion émotionnelle profonde qui renforcera votre sens de l'empathie et de la compassion.

Chers lecteurs, dans notre quête de développement personnel et de bien-être émotionnel, il est essentiel de cultiver des qualités fondamentales telles que l'empathie et la compassion. Ces vertus jouent un rôle crucial dans nos relations interpersonnelles et contribuent à créer un monde empli de compréhension et d'harmonie. Ainsi, je vous propose quelques exercices pratiques qui pourront vous aider, jeunes adultes, à développer votre empathie et votre compassion.

1. **L'exercice de la marche dans les chaussures de l'autre :**

imaginez-vous dans la peau d'une autre personne, et réfléchissez à la façon dont vous vous sentiriez dans une situation donnée. Par exemple, si vous êtes en colère contre quelqu'un, essayez de vous mettre à sa place et de comprendre les émotions et les pensées auxquelles cette personne pourrait faire face. Cet exercice vous permettra de prendre conscience des différentes réalités et de développer votre capacité à vous connecter émotionnellement aux autres.

2. **L'exercice du cercle de compassion :** asseyez-vous en cercle avec d'autres personnes et partagez une émotion que vous avez récemment ressentie. Encouragez ensuite les autres membres du cercle à partager leurs propres expériences similaires. Pratiquez l'écoute active envers vos pairs et montrez de la compassion et de l'empathie envers ceux qui partagent leurs émotions. Cette pratique renforcera votre capacité à soutenir les autres et à être soutenu à votre tour.
3. **L'exercice du journal d'émotions :** tenez un journal dans lequel vous notez vos émotions chaque jour. Décrivez ce qui a déclenché cette émotion, comment vous y avez réagi, et comment l'avez gérée. Cet exercice vous permettra de mieux comprendre vos propres émotions et, par conséquent, de développer votre empathie envers vous-même et envers les autres.
4. **L'exercice de la visualisation de la compassion :** visualisez-vous en présence d'une personne que vous aimez et qui rencontre des difficultés. Imaginez comment vous pourriez lui montrer de la compassion et de l'empathie, et comment vous pourriez l'aider à se sentir mieux. En pratiquant régulièrement cet exercice, vous renforcerez votre capacité à exprimer votre soutien et votre compréhension envers autrui.

Rappelez-vous que le développement de l'empathie et de la compassion est un processus continu, et il est essentiel de pratiquer ces exercices régulièrement pour renforcer ces qualités positives en vous. De plus, certaines conditions favorisent leur développement, comme l'éducation, les modèles positifs, les relations interpersonnelles saines et l'écoute active. N'hésitez pas à vous engager dans des activités qui vous mettent en contact avec des personnes différentes de votre cercle habituel, ainsi qu'à lire des livres et à regarder des films qui mettent en avant l'empathie et la compassion.

Il est normal de rencontrer des difficultés lorsqu'on essaie de développer ces qualités, mais ne vous découragez pas. Si vous ou d'autres jeunes adultes ressentez des obstacles dans ce cheminement, n'hésitez pas à consulter un professionnel de santé mentale qui pourra vous accompagner et vous aider à surmonter ces défis.

Cultiver l'empathie et la compassion envers nous-mêmes et envers les autres est un puissant moteur de bien-être émotionnel. Ces vertus nous guident vers des relations plus authentiques et harmonieuses, nous permettant de bâtir un monde empreint de bienveillance et de compréhension mutuelle. Je vous encourage donc à intégrer ces exercices dans votre vie quotidienne et à les pratiquer avec engagement et persévérance. Que votre cheminement vers l'épanouissement émotionnel soit rempli de compassion, de compréhension et de connexion profonde avec ceux qui vous entourent. Vous avez en vous le pouvoir de développer ces qualités précieuses et de contribuer à créer un monde meilleur pour vous-même et pour les autres. Bon voyage sur ce chemin d'humanité et de cœur éveillé !

Chers jeunes adultes, le développement de l'empathie et de la compassion est une aventure enrichissante qui apportera une profondeur et une chaleur à vos relations personnelles et professionnelles. Pratiquez ces conseils et exercices avec diligence, et vous découvrirez les bienfaits transformateurs de ces qualités dans votre vie. Souvenez-vous que le voyage vers la compassion commence par une ouverture de cœur envers vous-même et les autres. Soyez bienveillants envers vous-mêmes. Que l'amour et la compassion vous guident dans votre quête de bien-être émotionnel et de bonheur. Bon voyage vers un cœur éclairé !

Résoudre les conflits et les différends

Chers lecteurs, dans notre voyage vers l'épanouissement personnel et la construction de relations harmonieuses, il est inévitable de rencontrer des conflits et des différends sur notre chemin. Ces situations peuvent être délicates et déstabilisantes, mais elles offrent également des opportunités d'apprentissage et de croissance. Dans cet ouvrage inspiré de la sagesse du développement personnel, nous allons explorer ensemble des conseils et des exercices pratiques pour aider les jeunes adultes à mieux gérer les conflits et les différends, et ainsi favoriser leur bien-être émotionnel.

1. **La communication :** la communication ouverte et respectueuse est la clé pour résoudre les conflits de manière constructive. Prenez le temps d'écouter activement l'autre personne, sans interrompre ni juger. Utilisez des phrases « Je » pour exprimer vos sentiments et vos besoins, afin d'éviter les accusations et les critiques. Soyez ouverts à la compréhension des perspectives différentes et recherchez des solutions communes.
2. **La gestion de la colère :** la colère est une émotion humaine naturelle, mais elle peut être dévastatrice si elle n'est pas gérée de manière saine. Prenez conscience de vos signaux physiques et émotionnels lorsque vous vous sentez en colère, puis prenez quelques instants pour respirer profondément et vous calmer. Cherchez des méthodes de libération de la colère, comme l'écriture, le sport, ou la méditation, afin de transformer cette énergie négative en force constructive.
3. **La recherche de solutions** : trouver un terrain d'entente.

Lorsque vous êtes en conflit, évitez de vous focaliser sur la recherche du coupable. Au lieu de cela, concentrez-vous sur la recherche de solutions. Identifiez les intérêts et les besoins communs et explorez ensemble des options créatives pour résoudre le différend. La collaboration et la recherche d'un terrain d'entente favoriseront une résolution mutuellement bénéfique.

4. **La pratique de la patience :** résoudre les conflits peut prendre du temps, et il est important de ne pas se précipiter vers une solution immédiate. Soyez patient avec vous-même et avec l'autre personne. Prenez le temps de réfléchir et de clarifier vos émotions et vos besoins. Parfois, un peu de recul permet de voir les choses avec un nouvel éclairage.
5. **L'écoute active :** accorder de l'importance à l'autre. Pratiquer l'écoute active est essentiel pour comprendre les besoins et les émotions de l'autre personne. Montrez-lui que vous lui accordez de l'importance en lui accordant toute votre attention. Posez des questions pour clarifier vos incompréhensions et validez ses émotions en les reconnaissant. L'écoute active crée un espace de confiance pour résoudre les conflits.
6. **Le pardon :** apprendre à pardonner est un acte de libération émotionnelle, autant pour vous que pour l'autre personne. Le pardon ne signifie pas oublier ou excuser les actes, mais plutôt choisir de ne plus laisser le ressentiment contrôler votre vie. Le pardon est un cadeau que vous vous faites à vous-même pour avancer vers la paix intérieure.
7. **La gestion du stress :** prévenir les conflits inutiles. Le stress peut amplifier les conflits et rendre les situations plus explosives. Prenez soin de votre bien-être émotionnel en pratiquant des techniques de gestion du stress telles que la méditation, la pleine conscience, ou l'exercice physique

régulier. Un esprit calme et équilibré est mieux équipé pour faire face aux défis relationnels.

8. **L'apprentissage des erreurs :** les conflits et les différends sont des occasions d'apprentissage. Ne craignez pas les erreurs, car elles font partie du chemin vers la sagesse. Prenez le temps d'analyser les situations, d'identifier les leçons à en tirer, et d'intégrer ces enseignements dans vos relations futures.

Chers jeunes adultes, dans notre parcours vers le développement personnel et le bien-être émotionnel, il est primordial d'apprendre à gérer les conflits et les différends, qui font partie intégrante de la vie. Voici quelques conseils et exercices pratiques qui vous aideront à mieux gérer ces situations inévitables :

1. **Apprenez à communiquer de manière ouverte et respectueuse :** la clé pour résoudre les conflits de manière efficace réside dans une communication ouverte et respectueuse. Pratiquez l'écoute active, en portant une attention sincère aux propos de l'autre. Exprimez vos propres sentiments de manière claire et respectueuse, en évitant les jugements et les accusations. La communication authentique ouvre la voie à une meilleure compréhension mutuelle et à la recherche de solutions.
2. **Pratiquez la pleine conscience :** la pleine conscience vous permet d'être plus conscient de vos émotions et de les gérer de manière plus efficace, ce qui est essentiel lors de la résolution de conflits. En développant cette capacité à être présent dans l'instant présent, vous serez mieux à même de reconnaître vos réactions émotionnelles face aux conflits et de les aborder avec sérénité.
3. **Apprenez à gérer le stress et l'anxiété :** le stress et l'anxiété peuvent souvent être des déclencheurs de conflits. Il est donc primordial d'apprendre à gérer ces émotions de manière

efficace. Des techniques de relaxation telles que la respiration profonde, la méditation et l'exercice physique peuvent vous aider à retrouver votre calme et à aborder les conflits de manière plus posée.

4. **Développez votre empathie et votre compassion :** l'empathie et la compassion jouent un rôle essentiel dans la résolution des conflits. Efforcez-vous de mieux comprendre les perspectives et les émotions des autres. Mettez-vous à leur place et essayez de voir les choses de leur point de vue. Cette capacité à se connecter émotionnellement avec autrui favorise une communication plus constructive.
5. **Apprenez à faire preuve de flexibilité :** dans la résolution de conflits, il est essentiel d'être ouvert à la possibilité de trouver des solutions alternatives et de faire des compromis. La flexibilité permet d'explorer différentes options et d'accepter que parfois, il faille faire des ajustements pour parvenir à un terrain d'entente satisfaisant pour toutes les parties.
6. **Pratiquez la résolution de problèmes :** la résolution de problèmes est une compétence essentielle pour gérer efficacement les conflits. Identifiez clairement les problèmes, évaluez les différentes options et prenez des décisions éclairées. Cette approche structurée vous aidera à aborder les conflits avec confiance et détermination.

Il est important de se rappeler que la gestion des conflits est une compétence qui s'améliore avec l'expérience, et qu'il est tout à fait normal de rencontrer des difficultés dans ce processus. Si vous avez du mal à gérer les conflits et les différends, n'hésitez pas à consulter un professionnel de santé mentale qui pourra vous aider à surmonter ces obstacles.

En pratiquant ces conseils et exercices régulièrement, vous développerez des compétences essentielles pour faire face aux conflits avec assurance et compréhension. Vous apprendrez à résoudre ces situations délicates de manière constructive, favorisant ainsi des relations interpersonnelles harmonieuses et épanouissantes. N'oubliez pas que chaque expérience de conflit est une occasion d'apprentissage et de croissance. Vous avez le pouvoir de cultiver des compétences relationnelles positives, contribuant ainsi à votre bien-être émotionnel et à celui de votre entourage. Je vous souhaite une bonne pratique. Que votre chemin vers la gestion pacifique des conflits soit éclairé par l'empathie et la compassion !

La résolution de conflits est un art subtil qui requiert patience, ouverture d'esprit et bienveillance envers soi-même et les autres. En mettant en pratique ces conseils et exercices, vous développerez des compétences relationnelles précieuses qui renforceront votre bien-être émotionnel et contribueront à des relations épanouissantes. Souvenez-vous que la résolution de conflits est un voyage qui offre de précieuses opportunités de croissance personnelle. Puissiez-vous cheminer vers des relations empreintes d'harmonie et de sagesse, et que la paix et la compréhension vous accompagnent dans votre quête de bien-être émotionnel. Bon voyage vers une vie épanouie et éclairée !

Cultiver une attitude positive et optimiste

Chers lecteurs, dans notre quête vers un bien-être émotionnel épanoui, il est essentiel de cultiver une attitude positive et optimiste envers la vie. Cette perspective lumineuse nous permet de mieux faire face aux défis et aux changements, et d'apprécier les moments de bonheur et de gratitude. Dans cet ouvrage inspiré de la sagesse du développement personnel, nous allons explorer ensemble des conseils et des exercices pratiques pour aider les jeunes adultes à développer une attitude positive et optimiste, propice à l'épanouissement émotionnel.

1. **La gratitude :** reconnaître les bénédictions de la vie. La gratitude est une puissante source de positivité. Prenez l'habitude de noter chaque jour trois choses pour lesquelles

vous êtes reconnaissants. Que ce soit un moment agréable avec un ami, une réussite personnelle ou simplement le beau coucher de soleil, cultivez la reconnaissance pour les petites et grandes choses qui enrichissent votre vie.

2. **La résilience :** transformer les épreuves en opportunités. La résilience est la capacité à rebondir face aux difficultés. Voyez les épreuves comme des occasions d'apprentissage et de croissance. Transformez les défis en opportunités de vous renforcer et de développer votre confiance en vous. Rappelez-vous que chaque difficulté surmontée vous rend plus fort.
3. **L'acceptation de soi :** s'aimer tel que l'on est. Apprenez à vous accepter avec bienveillance, avec vos forces et vos faiblesses. Au lieu de vous comparer aux autres, reconnaissez votre unicité et cultivez une image de soi positive. La confiance en soi et l'amour de soi sont les fondations d'une attitude positive.
4. **Cultiver l'épanouissement :** s'engager dans le développement personnel est une voie vers l'épanouissement. Lisez des livres inspirants, participez à des ateliers de croissance personnelle, et explorez de nouvelles compétences. Le désir d'apprendre et de grandir contribue à une attitude optimiste face à la vie.
5. **La Méditation :** la méditation est un puissant outil pour cultiver le calme intérieur et favoriser une attitude positive. Prenez quelques minutes chaque jour pour vous asseoir dans le silence, observez vos pensées sans jugement, et recentrez-vous dans l'instant présent. La méditation renforce la paix intérieure et la sérénité.
6. **Le lâcher-prise :** apprenez à lâcher prise sur les choses que vous ne pouvez pas contrôler. Accepter que certaines situations soient hors de votre pouvoir vous permettra de vous concentrer sur ce que vous pouvez changer. Pratiquez l'art du détachement pour alléger votre esprit et votre cœur.
7. **Le regard positif :** chercher le beau dans l'ordinaire. Portez

attention aux petites choses qui apportent de la joie dans votre quotidien. Observez la beauté de la nature, savourez un bon repas, ou appréciez la compagnie d'un être cher. Cultivez un regard positif sur la vie et ses merveilles.

8. **La bienveillance envers les autres :** la bienveillance envers les autres crée un cercle vertueux d'harmonie relationnelle. Pratiquez l'empathie, la compassion et l'écoute active envers vos proches et vos collègues. Soutenir les autres dans leur épanouissement renforcera votre propre positivité.
9. **La visualisation positive :** pratiquez la visualisation positive en imaginant votre futur épanoui et heureux. Voyez-vous accomplir vos objectifs, ressentez la joie de vos réussites. Cette technique stimulera votre motivation et vous rapprochera de vos rêves.
10. **La tolérance envers l'imperfection :** soyez tolérant envers vos erreurs et vos imperfections. Vous êtes humain, et il est normal de faire des erreurs. Au lieu de vous critiquer sévèrement, traitez-vous avec bienveillance et encouragez-vous à progresser.

Voici quelques exercices pratiques qui vous aideront à cultiver cette attitude bénéfique au quotidien :

1. **Pratiquer la gratitude :** prenez le temps chaque jour de réfléchir aux choses pour lesquelles vous êtes reconnaissant. Focalisez-vous sur les aspects positifs de votre vie, qu'ils soient grands ou petits. Vous pouvez tenir un journal de gratitude pour noter vos pensées de reconnaissance ou exprimer vos remerciements aux personnes qui vous entourent.
2. **Faire de l'exercice** : l'activité physique joue un rôle essentiel dans l'amélioration de l'humeur. Trouvez une activité sportive qui vous plaît et pratiquez-la régulièrement. Cela vous aidera à libérer des endorphines, ces hormones du bonheur qui

contribuent à développer une attitude positive et optimiste.

3. **Prendre Soin de soi :** prendre soin de votre corps et de votre esprit est primordial pour cultiver une attitude positive. Accordez-vous du temps pour vous-même en adoptant des habitudes saines telles qu'une alimentation équilibrée, un sommeil suffisant et des activités qui vous apportent du bien-être.
4. **Cultiver votre réseau de soutien :** entourez-vous de personnes positives et bienveillantes qui vous soutiendront dans votre démarche. Avoir un réseau de soutien solide vous encouragera et vous inspirera à maintenir une attitude positive et optimiste face aux défis de la vie.
5. **Apprendre à gérer le stress et l'anxiété :** le stress et l'anxiété peuvent peser sur notre humeur et notre attitude. Prenez le temps d'apprendre des techniques de gestion du stress, telles que la respiration profonde, la méditation ou la pratique de la pleine conscience. Ces outils vous aideront à mieux faire face aux émotions négatives et à favoriser une attitude plus positive et optimiste.
6. **Pratiquer la pleine conscience :** la pleine conscience consiste à être présent et conscient de vos pensées et émotions, sans jugement. En pratiquant la pleine conscience, vous développerez une meilleure compréhension de vos schémas de pensées négatives et vous pourrez les remplacer par des pensées plus positives.

Il est important de rappeler que le développement d'une attitude positive et optimiste est un processus continu. Il est normal de rencontrer des difficultés, mais ne vous découragez pas. Si vous rencontrez des obstacles, n'hésitez pas à consulter un professionnel de santé mentale qui pourra vous aider à surmonter ces défis.

En pratiquant régulièrement ces exercices, vous cultiverez une attitude positive et optimiste qui vous accompagnera dans votre parcours vers le bien-être émotionnel. Vous découvrirez ainsi comment aborder les situations de la vie avec un regard positif, ce qui favorisera votre épanouissement personnel et votre bonheur. N'oubliez pas que vous êtes les artisans de votre attitude et que vous avez le pouvoir de cultiver un état d'esprit positif qui vous aidera à surmonter les obstacles avec confiance et sérénité. Bonne pratique et que votre chemin vers une attitude positive et optimiste soit empli de joie et de paix intérieure !

Chers jeunes adultes, développer une attitude positive et optimiste est un choix qui transformera votre vie de manière significative. En pratiquant ces conseils et exercices, vous cultiverez une vision plus lumineuse et épanouissante de la vie. Lorsque vous affronterez les défis, souvenez-vous que chaque obstacle est une occasion de grandir. Puissiez-vous embrasser la positivité et la gratitude pour éclairer votre chemin vers un bien-être émotionnel épanoui. Que cette attitude positive vous accompagne avec amour et bienveillance tout au long de votre voyage

Conclusion.

Ce livre sur le bien-être émotionnel se révèle être un guide exhaustif et éclairant pour quiconque souhaite approfondir sa compréhension et sa gestion des émotions. À travers ses pages, le lecteur est invité à explorer le vaste spectre de ses émotions, de la reconnaissance et l'acceptation de celles-ci, à l'apprentissage de techniques variées pour leur régulation. Des outils pratiques tels que la respiration profonde, la relaxation, et la méditation sont présentés, non seulement comme des méthodes de gestion du stress, mais aussi comme des moyens d'atteindre un équilibre émotionnel plus profond.

Dans cet ouvrage sur le bien-être émotionnel, nous avons été guidés à travers une exploration profonde des différentes facettes de notre épanouissement émotionnel. L'accent a été mis sur l'importance de reconnaître et d'accepter nos émotions, en identifiant les émotions fondamentales telles que la joie, la tristesse, la colère, et l'amour, pour mieux comprendre les nuances des émotions plus complexes. L'ouvrage propose des outils concrets pour la régulation émotionnelle, tels que la respiration profonde et la méditation, nous aidant à gérer le stress et à atteindre un équilibre émotionnel.

L'auteur souligne la nécessité de comprendre les origines de nos émotions, en analysant nos besoins, valeurs et expériences passées, et encourage une communication ouverte et respectueuse. La pratique de la pleine conscience est présentée comme un moyen d'être pleinement présent dans l'instant, renforçant ainsi notre connexion intérieure. Les exercices pratiques, tels que la méditation de pleine conscience et la marche méditative, invitent à une découverte de soi, développent notre capacité à être présents et à apprécier pleinement chaque instant.

L'aspect unique de ce livre réside dans son approche personnalisée du bien-être émotionnel, soulignant que chaque individu est sur un chemin distinct, nécessitant patience et dévouement. Il explore également le rôle vital des enseignants et des professionnels dans la facilitation de cette quête émotionnelle, tout en mettant en lumière l'importance de l'empathie et de la compassion dans nos interactions quotidiennes.

Le livre illustre comment la gestion efficace du stress et de l'anxiété, combinée à une attitude positive et optimiste, peut transformer les défis de la vie en opportunités de croissance et d'apprentissage. Il nous rappelle que notre bien-être émotionnel n'est pas une destination fixe, mais plutôt un voyage évolutif, où chaque étape est une occasion de forger une existence plus harmonieuse et épanouie. Ainsi, ce livre se présente non seulement comme une source d'inspiration, mais aussi comme un compagnon précieux dans la quête d'un bien-être émotionnel durable.

En conclusion, ce livre est un rappel que notre bien-être émotionnel est un voyage continu, une quête personnelle sans chemin parfait. Il nous invite à embrasser le processus d'apprentissage et de lâcher-prise, en nous ouvrant à la possibilité de transformer nos vies en des œuvres d'art empreintes de compassion et d'amour. Nous sommes les auteurs de notre propre histoire, capables de modeler notre bien-être émotionnel à chaque instant, guidant ainsi notre existence vers une harmonie profonde et durable. Ce voyage, empli de bienveillance, de sagesse et d'amour, est un trésor précieux à chérir et à cultiver tout au long de notre vie.

Don't miss out!

Visit the website below and you can sign up to receive emails whenever Benak publishes a new book. There's no charge and no obligation.

https://books2read.com/r/B-A-BORX-BOETC

BOOKS 2 READ

Connecting independent readers to independent writers.

Did you love *Épanouissement Émotionnel*? Then you should read *BAC : Les Clés du Succès*[1] by Benak!

[2]

Titre du livre : « Les clés du Succès : Guide de développement personnel pour les futurs bacheliers »

« Les clés du Succès : Guide de développement personnel pour les futurs bacheliers » est un livre incontournable pour tous les lycéens qui aspirent à exceller lors de l'examen du baccalauréat. Écrit par Benak, cet ouvrage propose une approche complète et pratique pour développer les compétences clés nécessaires à la réussite scolaire et personnelle.

À travers ce guide, les futurs bacheliers découvriront les principes fondamentaux du développement personnel et comment les appliquer pour mieux se connaître, gérer leur temps et leurs responsabilités,

1. https://books2read.com/u/m060ny

2. https://books2read.com/u/m060ny

renforcer leur confiance en eux-mêmes et cultiver des relations interpersonnelles épanouissantes.

Benak offre des stratégies concrètes et efficaces pour une préparation optimale à l'examen. Il guide les lecteurs dans l'organisation de leur temps de révision, la maîtrise du programme de chaque matière et l'adoption de techniques de révision et de gestion du stress. Des conseils pratiques sont également fournis pour maximiser les performances dans les matières clés telles que les mathématiques, la physique, la littérature et la philosophie.

Ce livre met l'accent sur la motivation, la persévérance et la gestion des émotions tout au long du processus de préparation à l'examen. Il encourage les futurs bacheliers à se fixer des objectifs SMART et à adopter une mentalité positive et proactive pour surmonter les obstacles et atteindre leurs aspirations.

En plus des aspects académiques, l'auteur accorde une attention particulière à la gestion du temps, à la planification des études et à la préparation aux examens. Des techniques d'apprentissage efficaces sont partagées, allant de la prise de notes à la mémorisation, en passant par l'utilisation de méthodes de visualisation et de résolution de problèmes.

« Les Clés du Succès » aborde également les aspects psychologiques et émotionnels de l'examen. Benak donne des conseils pratiques pour gérer le stress, l'anxiété et la pression, tout en mettant l'accent sur l'importance de l'équilibre entre les études et les activités de détente pour une performance optimale.

La clarté de l'écriture de Benak et son approche dynamique et engageante font de ce livre un outil accessible et motivant. Des exemples concrets et des témoignages de réussite viennent illustrer les concepts abordés, offrant ainsi une source d'inspiration pour les lecteurs.

« Les clés du Succès » constitue un compagnon indispensable pour les lycéens qui souhaitent se préparer de manière optimale à l'examen du baccalauréat. Ce livre offre des outils pratiques, des conseils stratégiques et une approche équilibrée pour guider les lecteurs vers le succès académique et personnel. Disponible sur les plateformes d'édition et recommandé par les maisons d'édition, il représente une ressource précieuse pour tous ceux qui aspirent à atteindre des résultats exceptionnels et à se préparer à une vie épanouissante.

Also by Benak

Épopée Ukrainienne
Amour Et Guerre, Rires Et Pleurs

Epopeya Ukraniana
Un Amor Ukranio

La Epopeya Ucraniana: Amor y Conflicto
Ecos Desde Crimea
Risas y Lágrimas

L'Épopée Ukrainienne : Amour et Conflit
Les Échos De La Crimée
Un Amour Ukrainien

The Ukrainian Epic: Love and Conflict
Echoes From Crimea
Ukrainian Love

Cry & Laugh

Standalone

Jungle Odyssey

Jungle Odyssey

Odisea En La Selva

Odyssée De La Jungle

BAC : Les Clés du Succès

Baccalaratte : Strategies for Success

Bachillerato : Las Claves del Éxito

Épanouissement Émotionnel

www.ingramcontent.com/pod-product-compliance
Lightning Source LLC
LaVergne TN
LVHW060259051026
849517LV00003B/862
* 9 7 9 8 2 2 4 4 6 1 5 4 7 *